江漢炳靈

武汉高校档案概览（1912—1949）

武汉市档案馆 编

长江出版传媒 湖北美术出版社

主　审

张明权

主　编

马秀兰

副主编

宋晓丹　　钟　星

编　委

钟　星　　李　欢　　袁芷洁　　马昕冉

任芷芸　　黄　贞　　彭皓亮　　李　倩

孙　丹　　甘超逊

序 言

教育者，国之大事也。自晚清张之洞督鄂，在湖北大力兴办教育，两湖书院、自强学堂、湖北农务学堂、湖北工艺学堂、湖北师范学堂等相继设立，开启了武汉教育近代化之先河。武昌首义，民国肇始。作为首义之区的武汉，高等教育承接晚清余绪，在全国长期居于领先地位，为武汉成为现代华中乃至全国重要的教育、科技中心奠定了基础。

1912 年至 1949 年间的武汉战火频仍，加之时间较为久远，大多数高校留存至今的文献资料已属少见，更遑论图像资料了。相比于文字记录的文献资料，图像往往能更直观地再现历史场景，是真正意义上的第一手档案，有着不可替代的重要作用。

案头这本《江汉炳灵：武汉高校档案概览（1912—1949）》，由武汉市档案馆编纂而成，是目前全国档案部门首部公开出版的高校历史档案资料汇编，其最大特点就是全部使用武汉市档案馆馆藏的一手原版校刊、同学录和照片档案。书中收录的1912年至1949年间武汉16所与当下具有历史传承关系的高校，既有公立大学，也有私立大学（包括教会大学）；既有综合性大学，也有师范、商科、艺术、图书馆学、医学、法政等专门院校，具有一定的代表性。所精选的 318 张照片档案，对校训、校园风光、师生剪影、教学实践活动、毕业生就业统计情况等内容进行分类梳理和展示，为研究民国时期武汉高校史提供了较为系统详实的图像史料，实属难能可贵。

此书的编辑出版，对了解武汉高等教育史也有所裨益。中国近代高等教育始自 19 世纪晚期，历史难称悠久；但 1912 年至 1949 年间武汉高等教育的一些探索，如较早使用学分制、采用旁听制、建立湖北最早的公共图书馆、较早在美术教育中采用人体模特教学等，在此书中皆有直观反映。通过此书的梳理和展示，读者庶几可了解 1912 年至 1949 年间武汉高等教育发展脉络，窥见武汉高等教育在全国居重要地位的历史缘由。

此书的编辑出版，亦能填补一些史料上的空白。如中共一大代表、中国共产党创始人之一的陈潭秋 1919 年毕业于国立武昌高等师范学校时的照片，中共早期党员何羽道任教湖北省公立法政专门学校时的照片，在以往党史文献中似未曾见。又如武昌高等师范学校同学录中的孙中山题词，武昌中华大学毕业纪念册中的蔡元培、胡适题词等，既是珍贵的档案文献，也是颇具艺术价值的书法作品。

档案工作存史资政育人，是一项利国利民、惠及千秋万代的崇高事业。在向着全面建成社会主义现代化强国的第二个百年奋斗目标迈进之际，我们正需要从历史中汲取智慧、总结经验，知往鉴今，以启未来。武汉市档案馆馆藏档案资料丰饶，其中历史档案资料尤有特色，已编撰出版的《武汉市档案馆馆藏辛亥革命档案资料汇编》《张之洞与梁鼎芬两湖书院手札》《汉口商会史料汇编》等档案资料汇编，素为学界所重视。期待武汉市档案馆进一步深入挖掘馆藏档案资料，汇编出版更多成果，继续惠泽学林，留存已逝的历史。

是为序。

马 敏

2022 年 9 月

目 录 Contents

國立高校

国立武昌高等师范学校

一、学校沿革

国立武昌高等师范学校是当时中国第二所国立高等师范学校，为中华民国北洋政府时期六大学区最高学府之一。1913年7月，国立武昌高等师范学校在武昌东厂口清末方言学堂旧址成立。1923年后相继改组为国立武昌师范大学、国立武昌大学。1926年底与国立武昌商科大学、湖北省立法科大学、湖北省立文科大学、湖北省立医科大学及其他私立大学合并成立国立武昌中山大学。学校首开新风，实行男女同校，创立旁听生制度，废除学年制，采用学分制。1927年10月停办。

1919年，国立武昌高等师范学校校门。

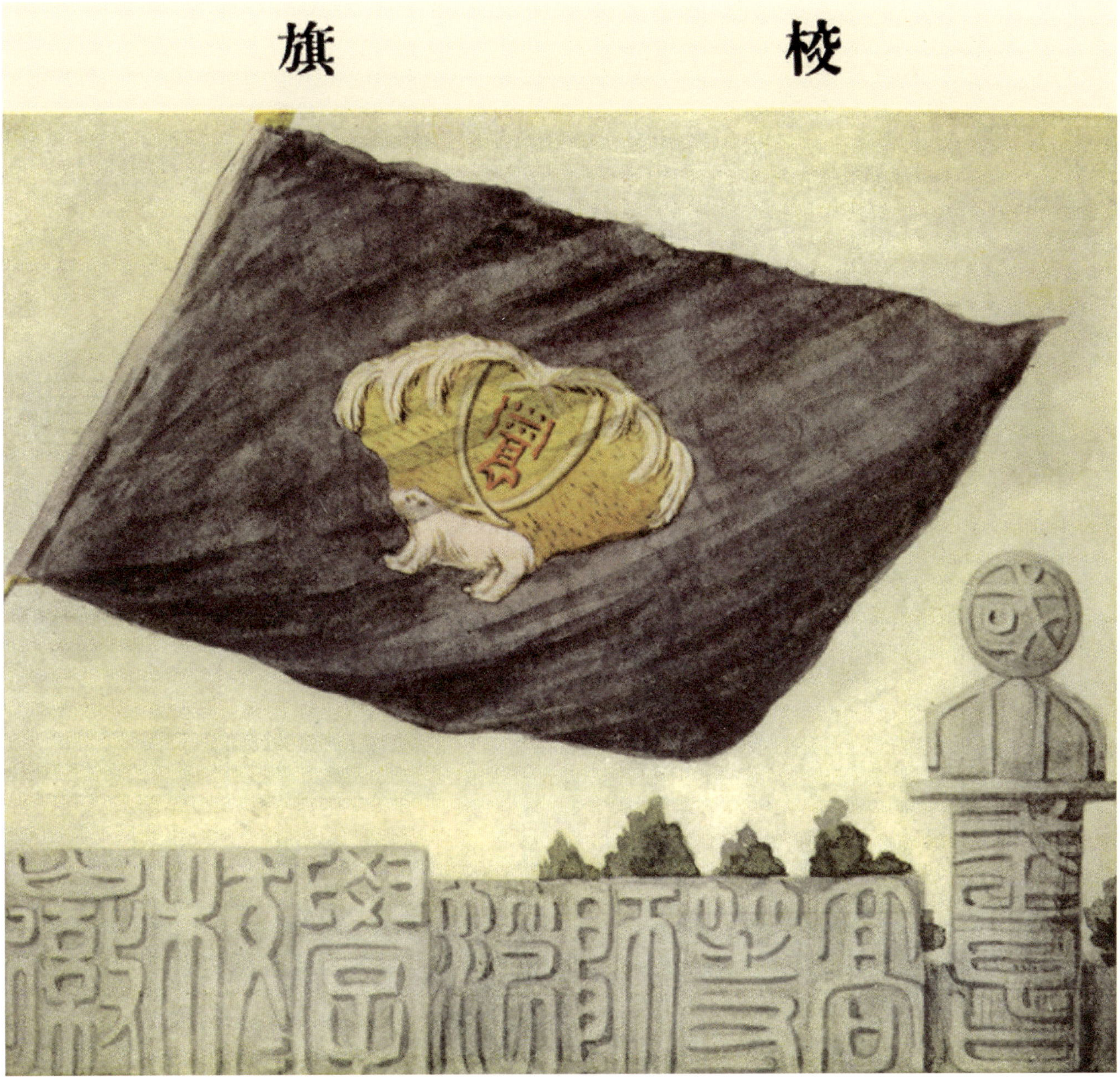

▲1919 年，国立武昌高等师范学校校旗。

◀1924 年，国立武昌师范大学校门。

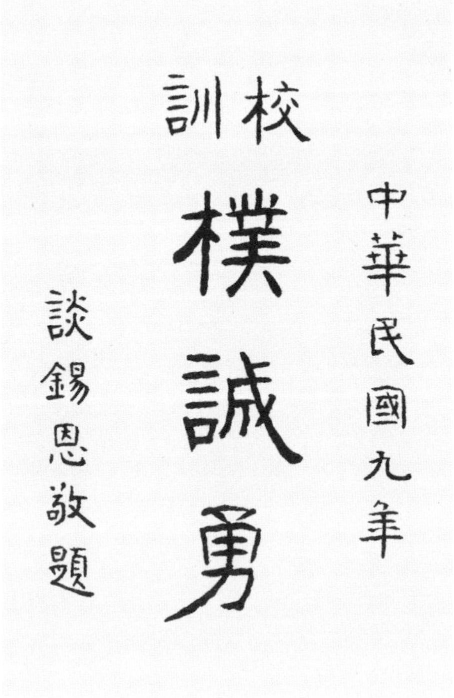

▲ 国立武昌高等师范学校校长谈锡恩题写校训“朴诚勇”

▲ 1919 年，国立武昌高等师范学校校歌。

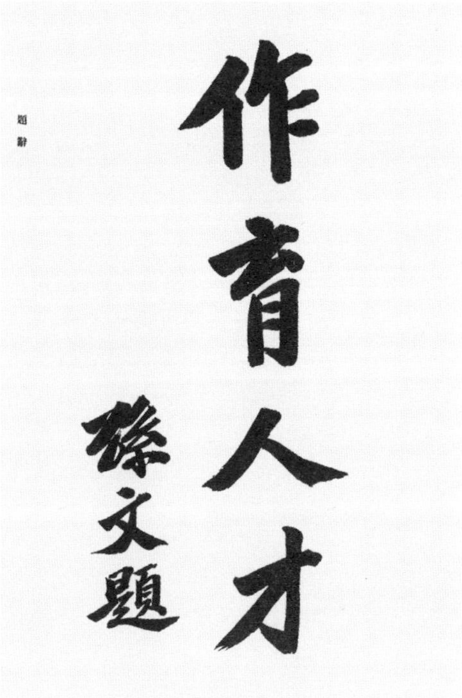

▲ 孙中山为国立武昌高等师范学校题词“作育人才”

二、校园风光

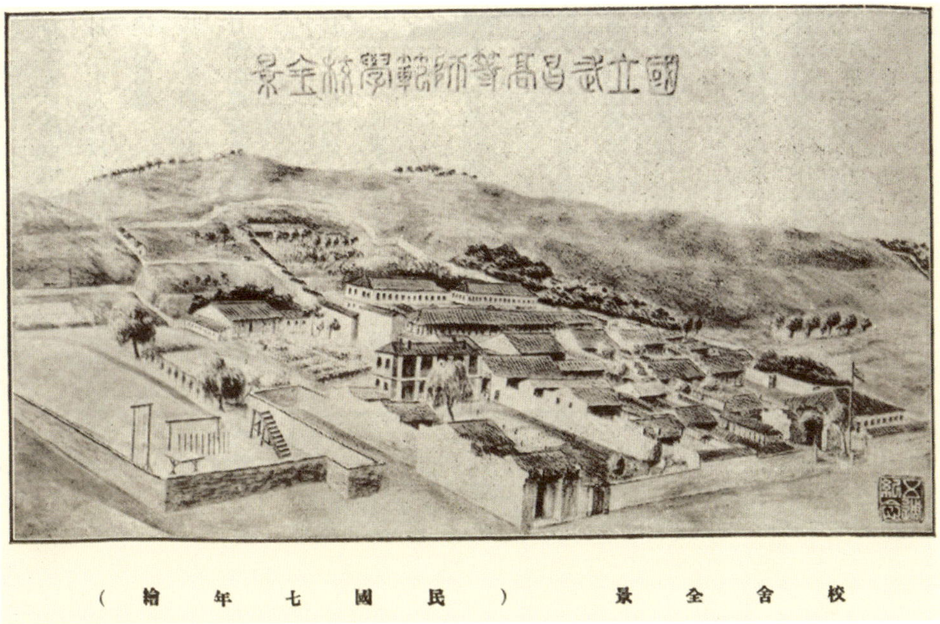

▲1918 年，手绘国立武昌高等师范学校校园全景。

◀1921 年，手绘国立武昌高等师范学校校园全景。

▲1924 年，国立武昌师范大学校园全景。

▲1923 年，从蛇山俯瞰国立武昌高等师范学校校园全景。

▲国立武昌高等师范学校女生宿舍

▲国立武昌高等师范学校教室外景

▶国立武昌高等师范学校植物园

▶ 国立武昌高等师范学校数学物理部本科的数学演习室

數學演習室

植物標本室

◀ 国立武昌高等师范学校博物部本科的植物标本室

▲国立武昌高等师范学校博物部本科的矿物地质标本室

化學實驗室

国立武昌高等师范学校教育补修科的化学实验室

動物標本室

国立武昌高等师范学校博物部本科的动物标本室

三、师生剪影

▲ 陈潭秋（1896—1943），武汉共产党早期组织创始人、中国共产党第一次代表大会代表。1919 年毕业于国立武昌高等师范学校英语部。

▲ 竺可桢（1890—1974），中国近现代气象学家、地理学家。1918 年获哈佛大学气象学博士学位后回国，在国立武昌高等师范学校任教。

▲ 李汉俊（1890—1927），中国最早的马克思主义启蒙者之一，筹建并参加中国共产党第一次代表大会。1922 年到国立武昌高等师范学校教授社会学。

在校各級同學名籍錄

楊國椿	季臯	湖北穀城	穀城縣石花街楊家湖	穀城石花街交
周捷飛	捷飛	安徽桐城	現住廬江南鄉陡崗	安慶棕陽羅昌河許義昌號交陡崗
婁玉仁	壽山	直隸濮陽	濮陽城東鄉	
談國安	滌菴	湖北蒲圻	蒲圻城內	湖北蒲圻城內水門
趙元勳	竹青	河南偃師	偃師西鄉圪當頭	洛陽翟鎮郵局轉交圪當頭新莊
常緒立	子中	山東博興	博興南鄉唐家莊	桓台縣索鎮河東普濟藥房轉

（戊）生物系

趙承恩	爲容	江蘇東海	東海縣城內趙公館
李　森	木三	安徽潛山	潛山大有恆號轉秦恆昌號
高錫福	仲膺	安徽巢縣	巢縣烔煬河
陳端本	繼莊	湖北黃陂	黃陂長軒嶺羅太和轉
張人驥	展如	湖北漢口	漢口下何家墩十三號
劉應良	純夫	安徽桐城	桐北三十舖安慶昌號
陳烈光	滌泉	湖南長沙	長沙淸泰街謝咸和轉
朱　超	之翰	湖南甯鄉	長沙大安里三號朱宅
徐全德	守愚	湖北沔陽	湖北武昌山前洪井巷十八號
李芝秀		湖北沔陽	武昌賓陽正街五十九號
汪中正	性存	湖北雲夢	雲夢縣胡金店汪鼎泰
陳希權	展民	安徽旌德	三溪鎮美利號
任世振	伯起	山東壽光	廣饒雷子埠
郭樹勳		湖北孝感	孝感城內後平台二十三號

王昌麒	驥伯	湖北枝江	江口	江口商會轉
黃長才	養池	江蘇江都		江都東關江家橋
趙俊德	言輕	河南孟津		孟津城內義聚堂
周維藩	介然	湖北松滋	峻極鄉鄧家坪	西市楊天聚轉
劉家聲	鵰飛	湖北漢川		武昌黃土坡敬節堂轉
易蔭棣	馥淸	湖北應城		武昌賓陽正街五十九號
余明照	月五	湖北沔陽		武昌洪井巷
謝新民	覺斯	江西寧岡		寧岡縣松茂號轉

（三）一年級

（甲）教哲學系

張隆錦	相如	湖南安化	一都小淹高橋冲	安化小淹劉謙福轉晉太永再轉高橋冲
文經緯	天成	湖南資興	中西鄉田美頭	湖南資興縣東江郵局木市誠芳號轉
田裕暘	寅東	山東諸城	巴山前大花林莊	山東坊子相州送巴山久敬堂
王福緒	用五	湖北宜都	楠木嶺	縣城泰豐恆號交
魏岳瑞	秀峰	陝西咸陽	底王村	本縣城內裕慶生號轉
汪德全	存一	安徽巢縣	烔煬鎮	烔煬鎮郵交
陳慶梅	友鶴	湖南永綏	縣城	東門內正街本宅
鄭昌福	綏之	浙江永康	新屋	東陽于祥鎮郵局轉
倪德剛	近仁	雲南昆明	湖北武昌	武昌城內雙柏廟前街二號
趙　演	涵川	雲南昆明	省城華山街	雲南省城華山街十八號
滕鍾霍	秉衡	廣西全縣	全縣鳳崗村	本縣城內西坡濟生福轉交

四十

◀国立武昌高等师范学校在校各级同学名籍录。郭树勋（1904—1994），后改名郭述申，1922 年秋考入国立武昌高等师范学校生物系。曾任红三十一军政治委员、中共湖北省委书记等职。新中国成立后，曾任中共中央纪律检查委员会副书记。

四、教学实践活动

1918 年 5 月，国立武昌高等师范学校博物部一年级学生第一次到江西庐山考察学习，采集植物标本。

▲国立武昌高等师范学校 1923 级国文史地部到湖南岳麓山考察学习

▶ 国立武昌高等师范学校1923级博物地学部在山东烟台浅海处采集标本

▶ 1920年，美国著名哲学家、教育家、心理学家约翰·杜威博士在国立武昌高等师范学校作《教育与社会之进步》演讲。

實地教授攝影

◀1918 年 10 月，国立武昌高等师范学校教育补修科二年级学生在附属小学开展教学实习。

實習中學攝影（九年四月）

◀1920 年 4 月，国立武昌高等师范学校史地部本科三年级学生在附属中学开展教学实习。

▲1920 年，国立武昌高等师范学校开设平民夜班，图为上课情景。

▲1923 年，国立武昌高等师范学校图书馆内景。

▶1923 年，国立武昌高等师范学校数学物理部本科的学生正在进行物理实验。

物理實驗攝影

學生自治會成立大會演理化游戲時攝影

▶1922 年，国立武昌高等师范学校学生自治会成立。

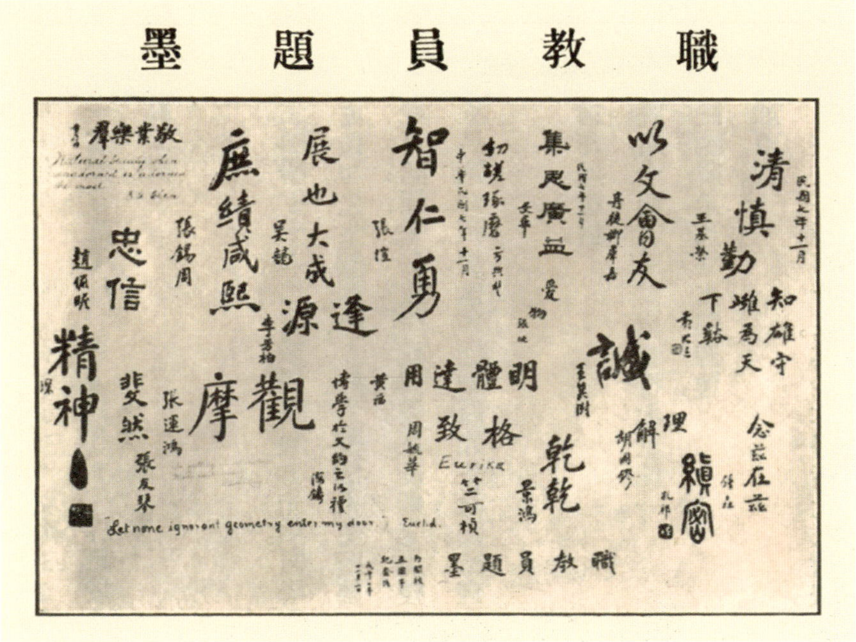

▲1918 年，国立武昌高等师范学校教职员为庆贺该校五周年题词。

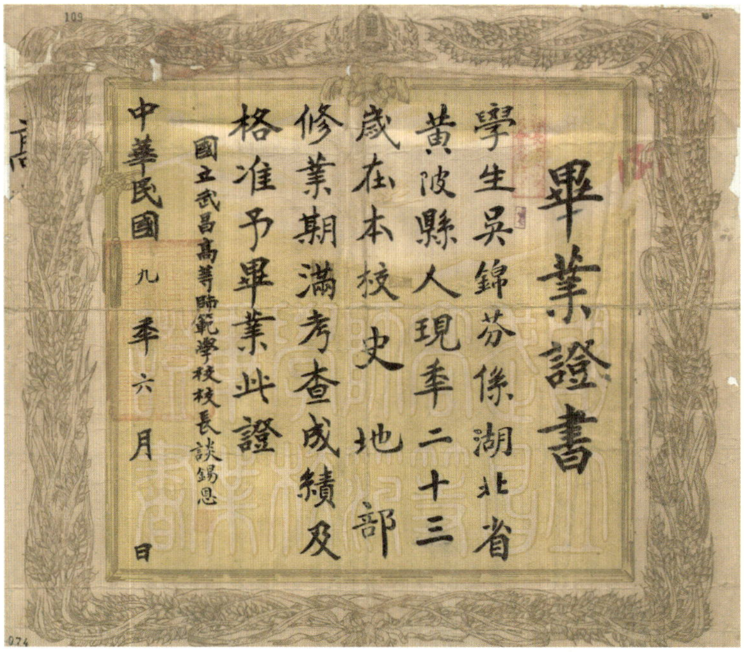
畢業證書

學生吴錦芬係湖北省黄陂縣人現年二十三歲在本校史地部修業期滿考查成績及格准予畢業此證

國立武昌高等師範學校校長談錫恩

中華民國九年六月　日

▲1920 年，国立武昌高等师范学校学生毕业证。

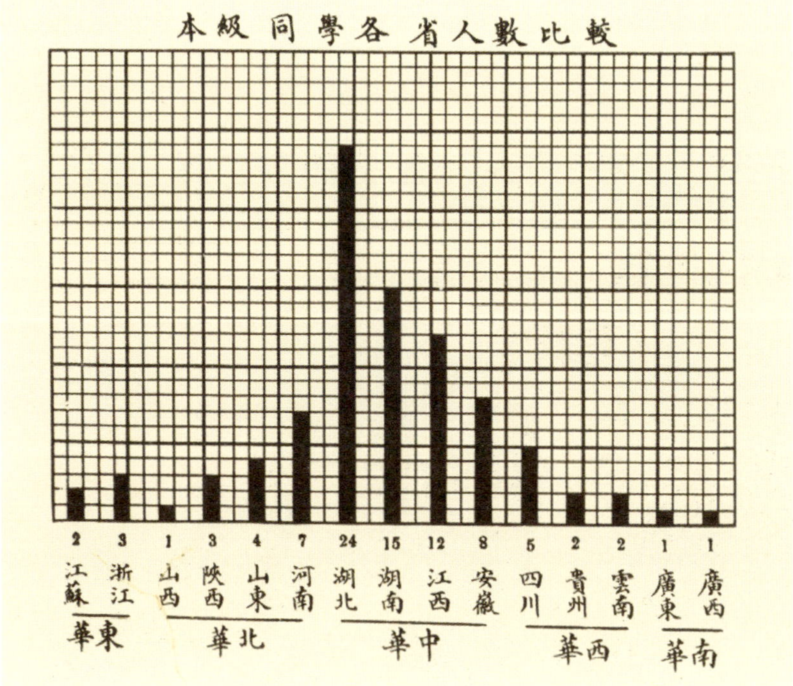

▲国立武昌高等师范学校 1923 级各省学生人数比较图

畢業同學現任職務一覽

現任職務	人數	現任職務	人數
大學校行政人員	10	省縣地方教育行政人員	15
大學校助教及教授	15	編譯事業	1
中等學校校長	31	國外留學	14
中等學校各項主任	39	留學經理	1
中等學校教員	245	工商界	2
小學校校長及主任	8	省議員	2
小學校教員	15	附：病故人數	13

▲1923 年，国立武昌高等师范学校毕业生历年就业情况统计。

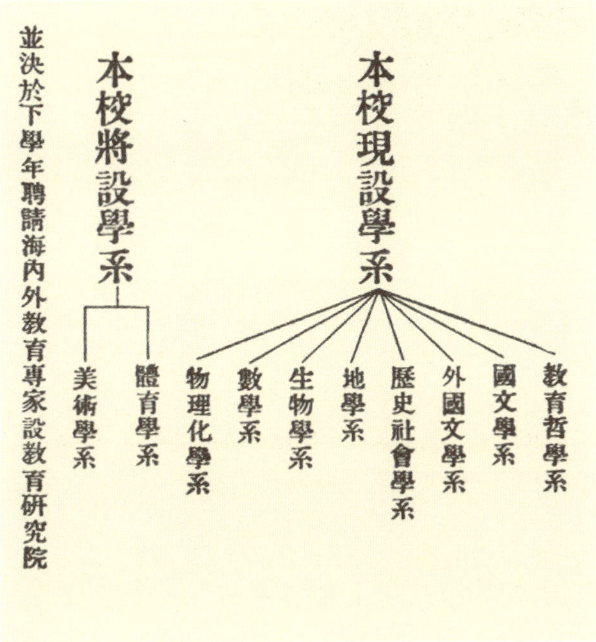

本校現設學系

教育哲學系
國文學系
外國文學系
歷史社會學系
地學系
生物學系
數學系
物理化學系

本校將設學系

體育學系
美術學系

並決於下學年聘請海內外教育專家設教育研究院

▲1923年，国立武昌高等师范学校所设八系和将设两系。

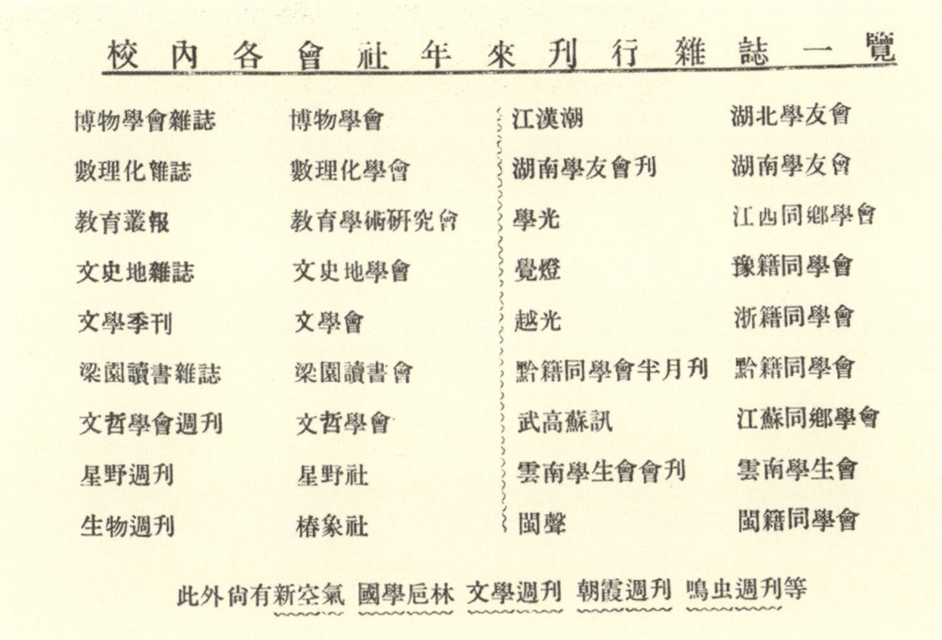

校內各會社年來刊行雜誌一覽

博物學會雜誌	博物學會	江漢潮	湖北學友會
數理化雜誌	數理化學會	湖南學友會刊	湖南學友會
教育叢報	教育學術研究會	學光	江西同鄉學會
文史地雜誌	文史地學會	覺燈	豫籍同學會
文學季刊	文學會	越光	浙籍同學會
梁園讀書雜誌	梁園讀書會	黔籍同學會半月刊	黔籍同學會
文哲學會週刊	文哲學會	武高蘇訊	江蘇同鄉學會
星野週刊	星野社	雲南學生會會刊	雲南學生會
生物週刊	椿象社	閩聲	閩籍同學會

此外尚有新空氣 國學卮林 文學週刊 朝霞週刊 鳴虫週刊等

▲1923年，国立武昌高等师范学校校内各会社刊行杂志一览表。

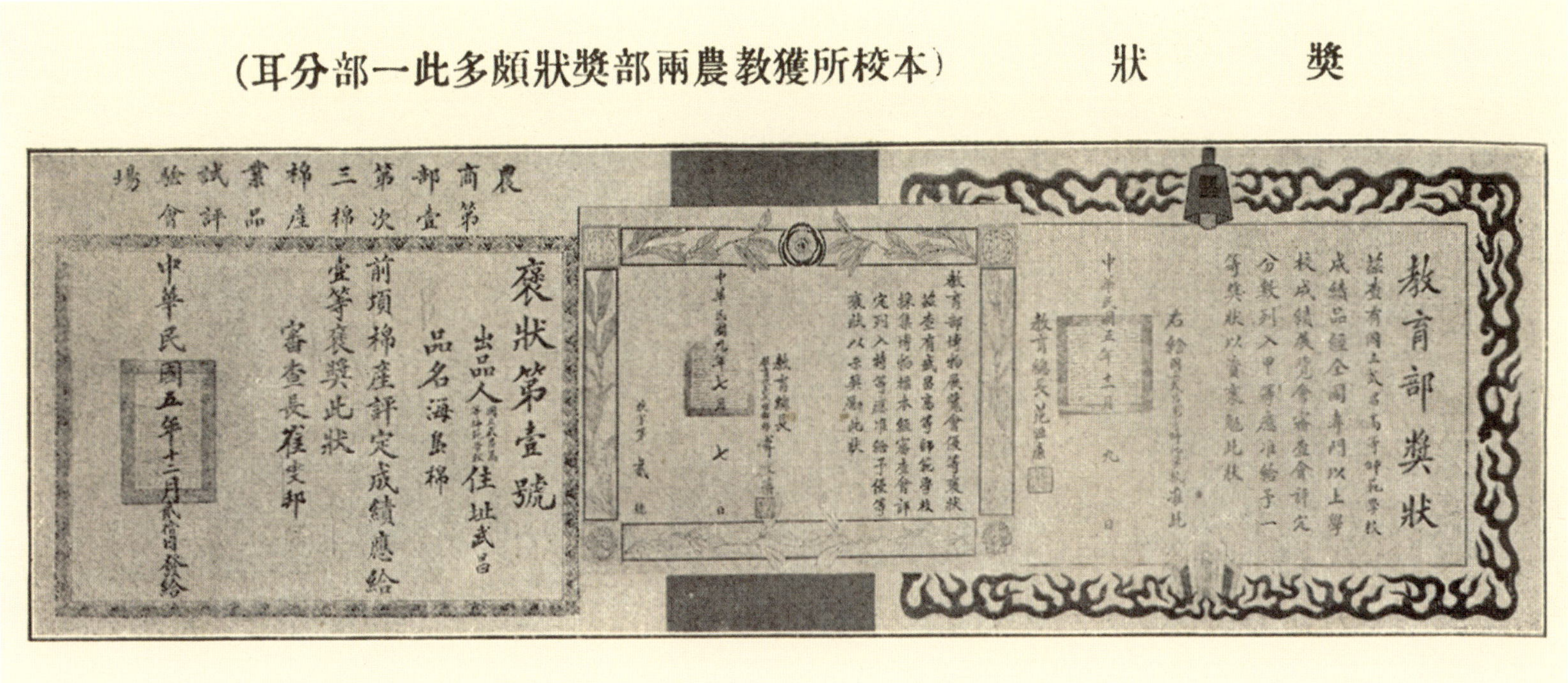

獎狀（本校所獲教農兩部獎狀頗多此一部分耳）

農商部第三棉業試驗場
第壹次棉產品評會
褒狀第壹號
出品人 住址武昌
品名海島棉
前項棉產評定成績應給壹等褒獎此狀
審查長
中華民國五年十二月 日發給

教育部獎狀
茲查有國立武昌高等師範學校成績品經全國專門以上學校成績展覽會審查會評定分數列入甲等應准給予一等獎狀以資表勵此狀
右給國立武昌高等師範學校准此
中華民國五年十二月 日
教育總長范源廉

▲国立武昌高等师范学校所获教育部、农商部颁发的奖状

▲1919 年 3 月，国立武昌高等师范学校举行第四次春季长距离竞走大会。

▲1918 年 11 月，国立武昌高等师范学校举行第五次秋季运动大会。

▲国立武昌高等师范学校足球队和篮球队

隊球場
（其一）

隊球場
（其二）

▲国立武昌高等师范学校排球场

▲ 国立武昌高等师范学校网球场

▲1919 年 3 月，国立武昌高等师范学校食堂改用分食制。

▲1923 年植树节，国立武昌高等师范学校校友会会员前往武昌武胜门外农商部第三棉业试验场植树，图为在沙湖琴园休息时合影。

▶ 国立武昌高等师范学校校友会游艺室

▲ 国立武昌高等师范学校军乐队

国立武汉大学

一、学校沿革

1928年7月，南京国民党政府改组武昌中山大学，组建国立武汉大学，以武昌东厂口武昌中山大学一院为校址，设文、理、工、法4个学院。1929年3月开始建设珞珈山新校区。1932年春，全校师生迁入珞珈山新校舍。1936年，成立农学院，成为有文、法、理、工、农5个学院15个系以及2个研究所的综合性大学。抗日战争期间，武汉大学曾迁至四川乐山。1946年10月迁回武昌珞珈山。至1946年底，学校已设有文、法、理、工、农、医6大学院，包括21个系和8个研究所，在国内外享有很高声望。

▼ 位于武昌街口头（今街道口）的国立武汉大学珞珈山校舍首座木制牌坊，1934年被飓风吹毁。

▲1928 年，国立武汉大学的校门（武昌东厂口）。

校　門

1934 年，国立武汉大学在木牌坊原址新建的钢筋水泥结构仿古牌坊。

級　旗

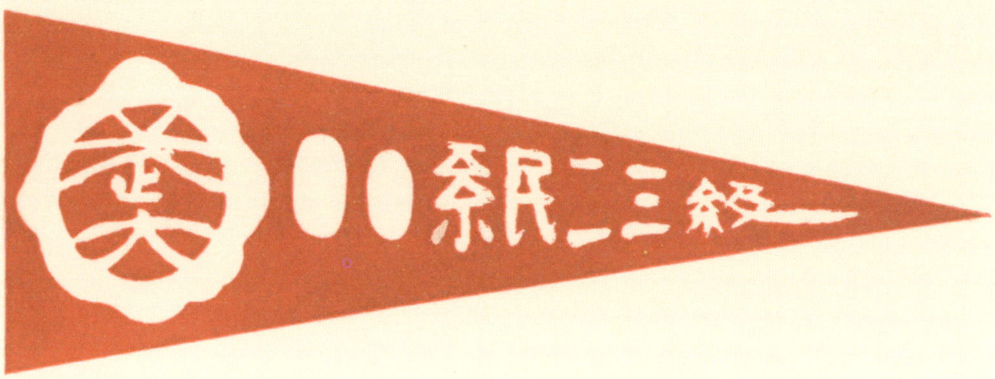

1934 年，国立武汉大学民二三级的级旗。

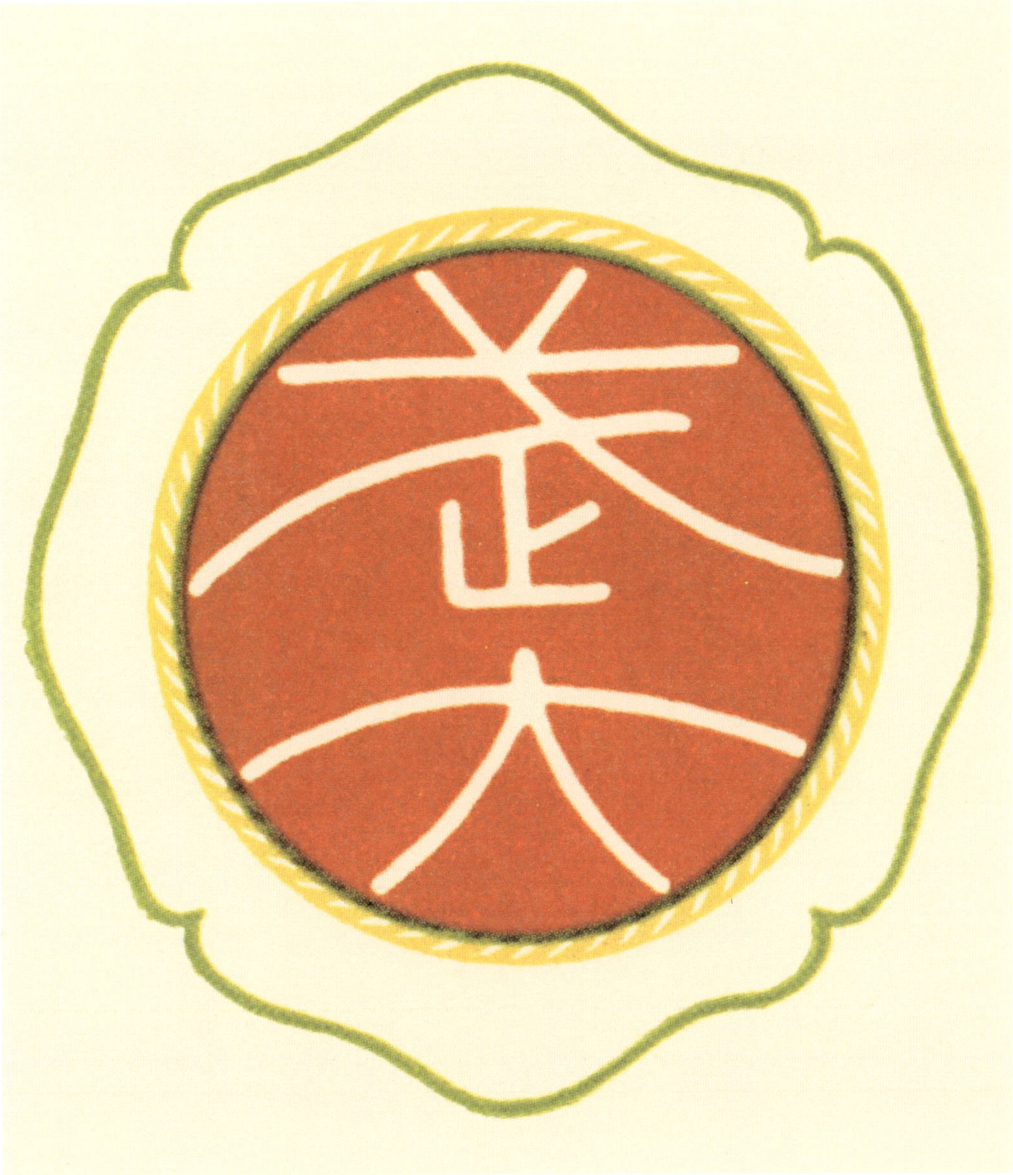

▲由闻一多先生设计的国立武汉大学校徽

校　訓

明誠弘毅

▲1947 年，国立武汉大学毕业纪念刊中的校训。

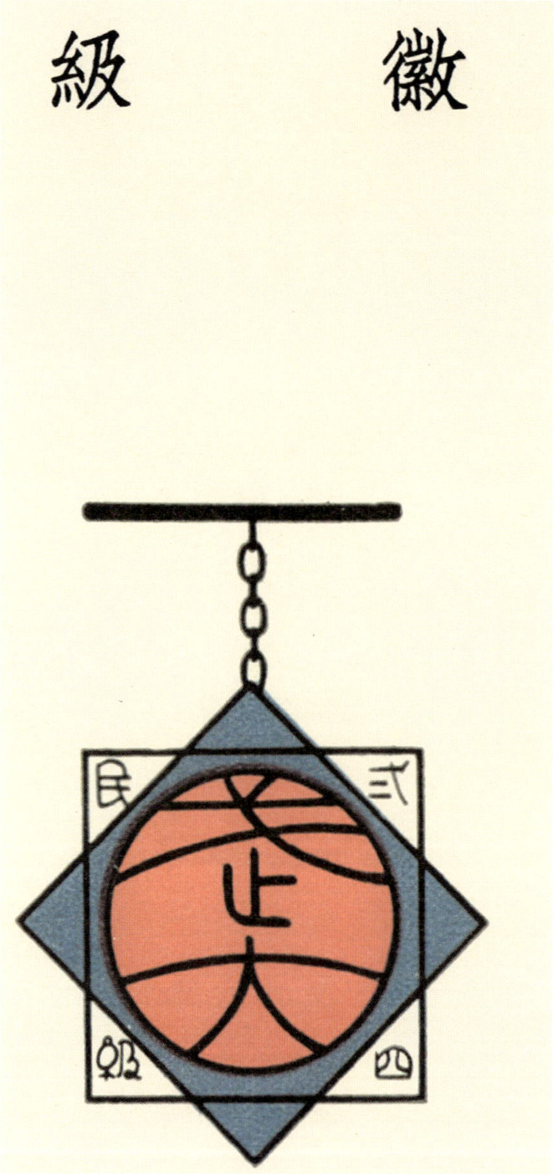

▲1935 年，国立武汉大学民二四级的级徽。

▲1935 年，国立武汉大学民二四级的级歌。

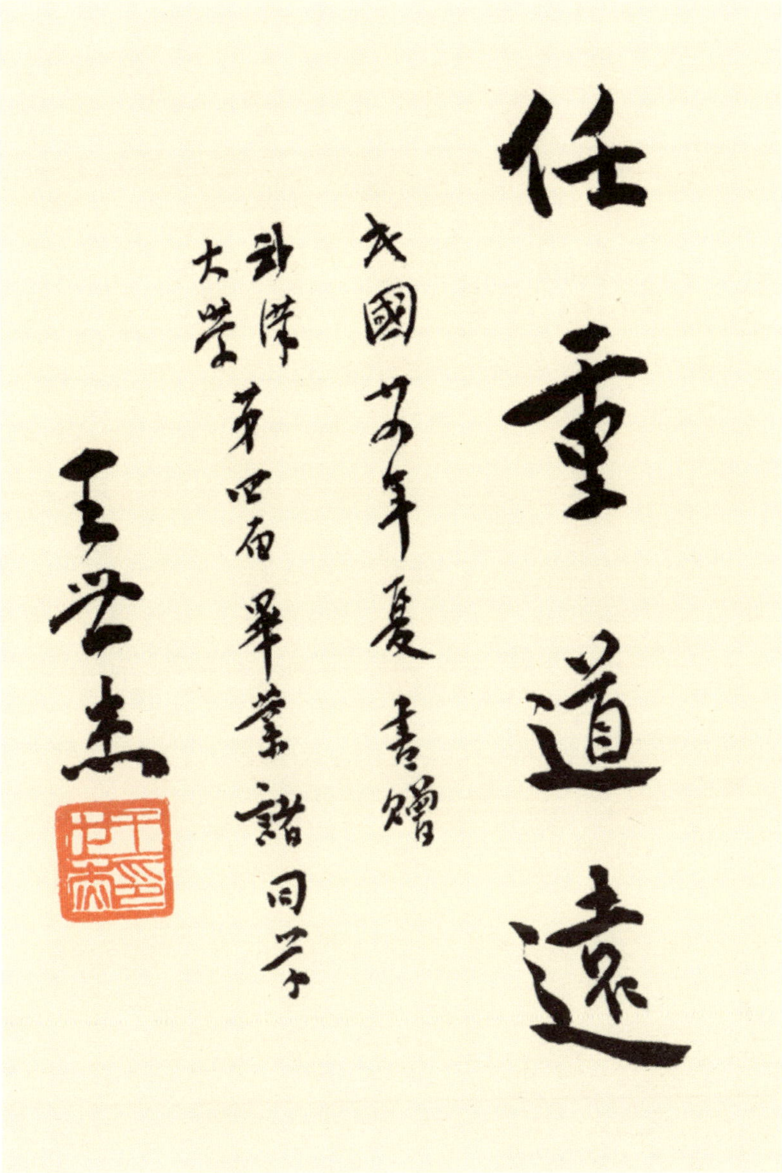

▲1935 年，王世杰为国立武汉大学民二四级同学题词“任重道远”。

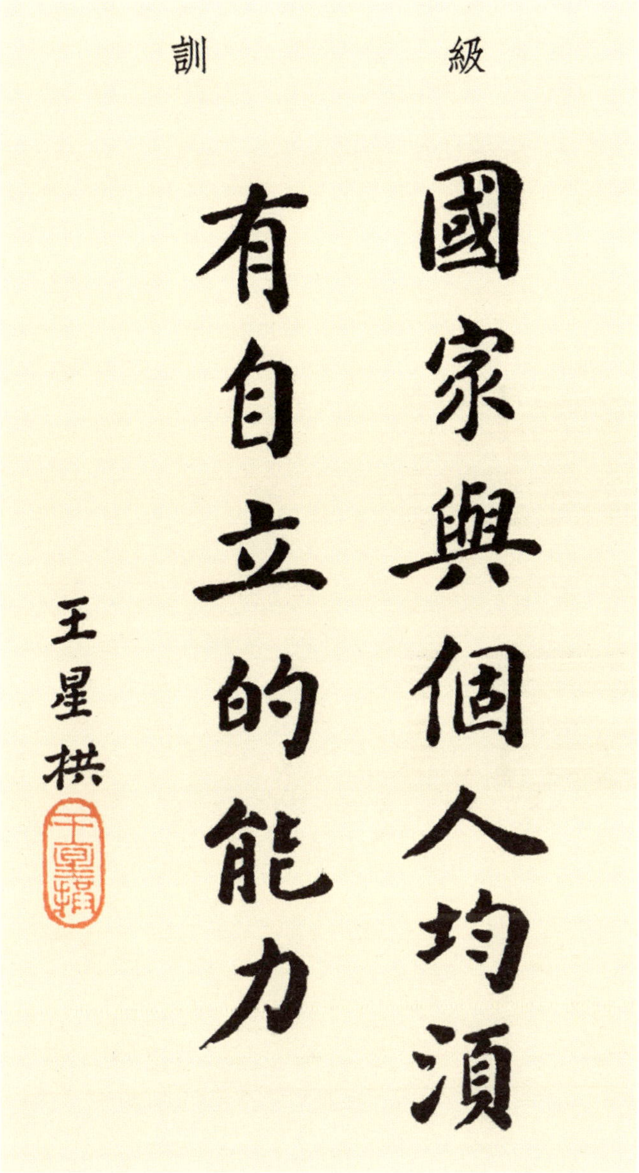

▲1935 年，王星拱为国立武汉大学民二四级同学题词“国家与个人均须有自立的能力”。

二、校园风光

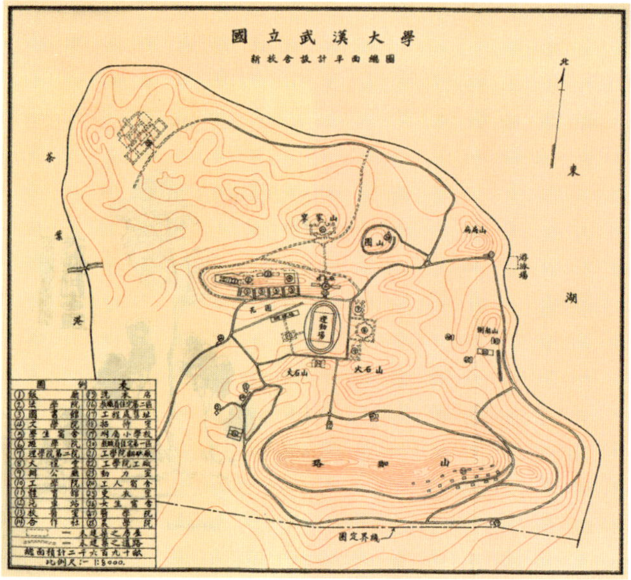

▶1929 年，国立武汉大学珞珈山新校舍设计平面图。

▼1938 年，国立武汉大学校园全景。

1934 年，国立武汉大学工学院设计图。

1934 年，国立武汉大学图书馆设计图。

▲ 国立武汉大学老图书馆

▶1931年，国立武汉大学的足球场和跑道，以及远处珞珈山巅的自来水塔。

運動場之一（足球場及跑道）

本校附設小學校

▶珞珈山国立武汉大学的附设小学校

校 内 公 共 汽 車 站

1931 年，国立武汉大学校内的公共汽车站。

通向老校区的珞珈大道。1932 年，国立武汉大学至武昌大东门城内老校区通公共汽车。

實驗室(一)

▲1928 年，国立武汉大学实验室。

▲1932 年，国立武汉大学动物标本室。

▶1932年，国立武汉大学化学实验室。

化學實驗室

工廠內部

▶1932年，国立武汉大学实习工厂。

1938 年，国立武汉大学因抗战西迁四川乐山，1946 年迁回珞珈山。图为国立武汉大学在乐山时的校园。

三、师生剪影

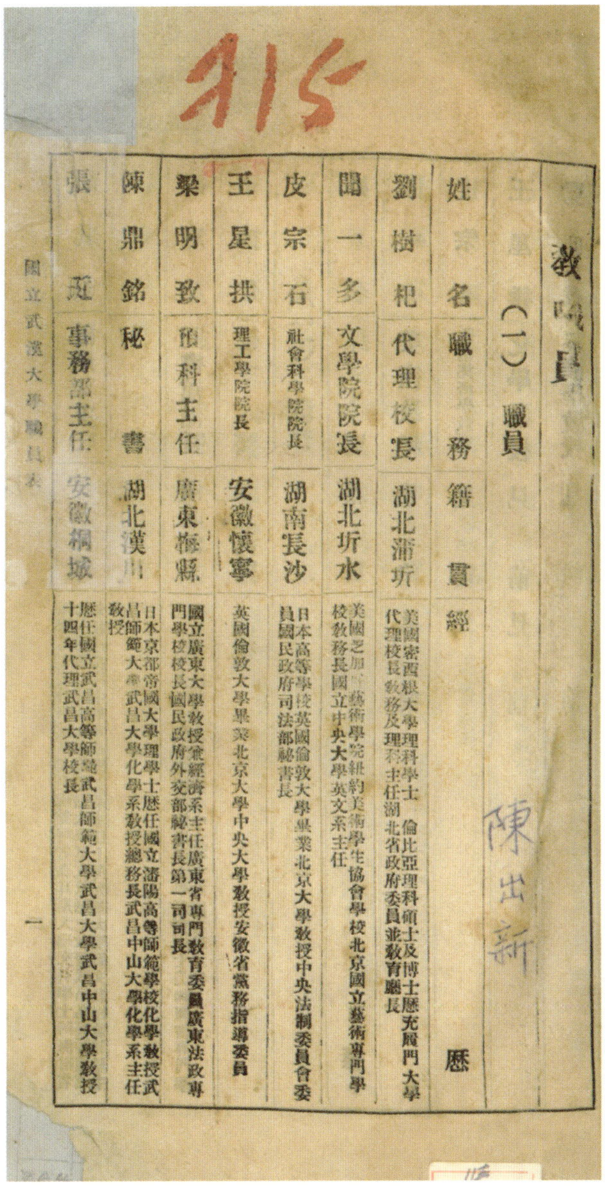

教職員

（一）職員

姓名	職務	籍貫	經歷
劉樹杞	代理校長	湖北蒲圻	美國密西根大學理科學士　倫比亞理科碩士及博士歷充廈門大學代理校長教務長及理科主任湖北省政府委員並教育廳長
聞一多	文學院院長	湖北浠水	美國芝加哥藝術學院紐約美術學生協會學校北京國立藝術專門學校教務長國立中央大學英文系主任
皮宗石	社會科學院院長	湖南長沙	日本高等學校英國倫敦大學畢業北京大學教授中央法制委員會委員國民政府司法部秘書長
王星拱	理工學院院長	安徽懷寧	英國倫敦大學畢業北京大學中央大學教授安徽省黨務指導委員
梁明致	預科主任	廣東梅縣	國立廣東大學教授兼經濟系主任廣東省專門教育委員廣東法政專門學校校長國民政府外交部秘書長第一司司長
陳鼎銘	秘書	湖北漢川	日本京都帝國大學理學士歷任國立瀋陽高等師範學校化學教授武昌師範大學武昌大學化學系教授總務長武昌中山大學化學系主任教授
張斑	事務部主任	安徽桐城	歷任國立武昌高等師範武昌師範大學武昌大學武昌中山大學教授十四年代理武昌大學校長

國立武漢大學職員表

一

▲ 1928 年，国立武汉大学职员表。

▲ 刘树杞（1890—1935），著名化学家，1928 年至 1929 年任国立武汉大学代理校长。1928 年 7 月任国立武汉大学筹备委员会主任委员，与李四光一起选定珞珈山为新校址。图为 1928 年的刘树杞先生。

王世杰　王星拱

兩　先　生　合　影

王世杰（1891—1981），1929 年至 1933 年任国立武汉大学校长。王星拱（1888—1949），1933 年至 1945 年任国立武汉大学校长。图为 1933 年王世杰（右）与王星拱（左）的合影。

▲ 周鲠生（1889—1971），中国国际法学家、外交史家、教育家，1945 年至 1949 年任国立武汉大学校长。图为 1947 年的周鲠生先生。

▲ 李四光（1889—1971），著名地质学家，曾担任过国立武汉大学建筑设备委员会委员长，该委员会决议国立武汉大学选址珞珈山。图为 1932 年的李四光先生。

工友夜校全體師生合影

本校一部份同學，爲促進工友智識，商得學校同意，特創立工友夜校，凡屬本校校工，皆須一律參加，歷時年餘，成績卓著，前工友之不識『之無』者，今皆能寫能算矣。上圖爲本學年該校開學時攝影。

四、教学实践活动

▶1932 年，国立武汉大学土木工程学系课程一览表。

國立武漢大學一覽

土木工程學系課程一覽表

學年	學程 中名	學程 英名	第一學期每週鐘點	第二學期每週鐘點	教員
第一年級	基本英文	College English	3	3	文學院
	高等數學	Advanced Mathematics	3	3	理學院
	普通物理學	General Physics	4	4	,,
	物理實驗	Physics Laboratory	3	3	,,
	普通化學	General Chemistry	4	4	,,
	化學實驗	Chemistry Laboratory	3	3	,,
	畫法幾何	Descriptive Geometry	3	2	丁燮和
	應用力學	Applied Mechanics		4	吳譜初
	機械畫	Mechanical Drawing	3	3	羅樹聲
	工廠實習	Shop Practice	3	3	羅樹聲
	總計	Total	29	32	
第二年級	高等數學	Advanced Mathematics	3		理學院
	地質學	Geology	2	2	,,
	應用力學	Applied Mechanics	3	3	吳譜初
	熱力發動機	Heat Engines		3	趙師梅
	測量學	Surveying	3	4	陸鳳書
	測量實習	Field Practice in Surveying	6	3	,,
	最小自乘方	Least Squares		2	,,
	圖解靜力學	Gr phic Statics		3	夏憲講
	材料力學	Strength of Materials	4	4	郭霖
	材料試驗	Material Testing	3		,,
	機械原理	Mechanism		3	,,
	水力學	Hydraulics	3		陸鳳書
	水力試驗	Hydraulic Laboratory		3	文斗
	總計	Total	27	30	

測量學暑假實習四星期

各學院概況學程容內及課程指導書

一六七

◀国立武汉大学部分同学，为促进工友智识，商得学校同意，特创立工友夜校，凡属本校校工，一律参加。图为 1933 年国立武汉大学工友夜校开学师生合影。

2 國立武漢大學第二屆畢業生名單

院別	系別	姓名	性別	年齡	籍貫	備註
文學院	中國文學系	谷若虛	男	二九	湖南桑植	作有「詩三百篇職官考」
文學院	中國文學系	易雨蒼	男	三十	湖北通城	作有「詩經概論」
文學院	中國文學系	林啓暖	男	二六	安徽無爲	作有「唐代小說興盛的原因及其社會背景」
文學院	中國文學系	金勳瑟	男	三二	湖北崇陽	作有「文字中之古代社會觀」
文學院	中國文學系	石錫爵	男	二八	湖北大冶	作有「說文徵史」
文學院	中國文學系	劉承向	男	三一	湖北咸甯	作有「中國文字演進論」
文學院	中國文學系	朱 雍	男	二六	江西餘干	作有「毛詩古韻讀」
文學院	哲學教育系	葉明容	男	二七	安徽廬江	作有「學習轉移」
文學院	哲學教育系	陶 鼎	男	二五	湖北黃岡	作有「眞與僞」
文學院	哲學教育系	劉蘊光	男	二五	江西宜春	作有「從經驗說到幾個重要的哲學問題」
文學院	哲學教育系	許世雄	男	二三	浙江瑞安	作有「A Study on Triadic Relations」
文學院	史學系	王良斌	男	二七	安徽桐城	作有「漢魏時代異族之雜居中土及其影響」
文學院	史學系	章 輿	男	二六	湖北宜昌	作有「武漢城市發展考」
文學院	史學系	高曉山	男	二六	湖北京山	作有「明清兩代荒政考」

▲ 国立武汉大学第二届毕业生名单。其中章輿著有《武汉城市发展考》。

2 國立武漢大學第三屆畢業生名單

院別	系別	姓名	性別	年齡	籍貫	備註
文學院	外國文學系	陳嘉瀆	男	二六	江西鄱陽	
文學院	外國文學系	熊化奇	男	二五	江西南昌	
文學院	外國文學系	孫爲慶	男	二五	湖北黃陂	
文學院	外國文學系	張重儀	男	二五	江西萍鄉	
文學院	外國文學系	歐陽源	男	二六	江西安福	
文學院	外國文學系	吳志謙	男	二六	江西九江	
文學院	外國文學系	熊克明	男	二七	江西豐城	
文學院	外國文學系	譚湘鳳	女	二一	江西永新	
文學院	外國文學系	王嗣曾	男	二六	湖北黃陂	
文學院	哲學教育系	蕭季康	男	二六	湖南漵浦	作有「師範生實習制度之研究」
文學院	哲學教育系	張有芝	女	二五	江西萍鄉	作有「我國學制之研究」
文學院	哲學教育系	賀稚長	女	二五	湖南邵陽	作有「我國近代女子教育之理論與實施」
文學院	哲學教育系	方玫石	男	二六	湖南岳陽	作有「教育視導之研究」
文學院	哲學教育系	胡 開	男	二六	江西鄱陽	作有「我國現行小學課本的研究」

▲ 国立武汉大学第三届毕业生名单。当时学生对女子教育、小学课本等问题做了研究。

國立武漢大學第三屆畢業生名單 3

院別	系別	姓名	性別	年齡	籍貫	備註
文學院	哲學教育系	唐盛元	男	二六	江蘇泰興	作有「教學研究」
文學院	哲學教育系	魯儒林	男	二五	湖南澧縣	作有「聯合主義與格式塔心理學」
文學院	哲學教育系	黃穗忠	男	二六	湖北黃陂	作有「小學教師之改進」
文學院	哲學教育系	劉 誠	男	二五	廣西陸川	作有「中國教師問題」
文學院	史學系	劉人煱	男	二六	湖北安陸	作有「朱子教育方法之研究」
文學院	史學系	楊 村	男	二六	湖南岳陽	作有「宋代土地制度之研究」
文學院	史學系	李 治	男	二八	湖南岳陽	作有「德國租借膠州灣之始末」
文學院	史學系	江思清	男	二七	江西鄱陽	作有「景德鎮瓷業史略」
文學院	史學系	劉致強	男	二七	湖南安化	作有「墨子學說之研究」
文學院	史學系	張壽南	男	二五	湖南瀏陽	作有「漢代西域交通考」
文學院	史學系	胡養吾	男	二九	湖北隨縣	作有「戊戌變法運動之研究」
文學院	史學系	湯濬其	男	三一	湖北廣濟	作有「雍乾時代治苗方策」
文學院	史學系	方 驥	男	三〇	湖南岳陽	作有「宋代救國運動與民族思想之發展」
文學院	史學系	宋延祥	男	二八	江蘇灌雲	作有「日本向外發展之分析」

▲ 国立武汉大学第三届毕业生名单。当时学生对教师问题、汉代西域交通等已进行探究。

4 國立武漢大學第三屆畢業生名單

院別	系別	姓名	性別	年齡	籍貫	備註
文學院	史學系	周家曼	女	二七	湖南長沙	作有「唐宋元三代中國南洋貿易考」
文學院	史學系	熊濟民	男	二五	湖南桑植	作有「明末之士風」
文學院	史學系	曾憲華	女	二四	湖北武昌	作有「晚清創辦海軍始末」
文學院	史學系	王名元	男	二八	廣東揭陽	作有「殷周貨幣考」
文學院	史學系	余 鎮	女	二六	江西南豐	作有「宋代學者地理的分布」
文學院	史學系	胡作礪	男	二六	山西定襄	作有「王莽社會政策之研究」
文學院	史學系	蕭志陶	男	三一	湖南湘鄉	作有「伊川學說與宋代民族運動」
文學院	史學系	姚立予	女	二四	湖南長沙	「作有清代開闢臺灣始末」
文學院	史學系	陳宗岳	男	二三	江蘇宜興	作有「明代之倭寇」
文學院	史學系	陸維亞	女	二三	湖南長沙	作有「唐人詩中的民生疾苦」
文學院	史學系	張再蕃	男	二七	江西臨川	作有「我國考試制度」
文學院	史學系	張 深	男	二八	江西萬年	作有「西漢商業之研究」
文學院	史學系	劉濬廷	男	二九	安徽廬江	作有「太平天國興亡史略」
文學院	史學系	李松年	男	二六	江西永新	作有「清末新教育之實施」

▲ 国立武汉大学第三届毕业生名单。学生已就唐宋元三代中国南洋贸易、我国考试制度和清代开辟台湾始末等发表研究论文。

國立武漢大學第三屆畢業生名單 13

院別	系別	姓名	性別	年齡	籍貫	備註
理學院	生物學系	趙師楷	男	二五	四川合川	作有「豌豆種子之膨脹速度」
理學院	生物學系	李光宇	男	二七	四川巴縣	作有「武昌有毒植物之研究」
理學院	生物學系	陳敬雲	男	二六	湖南瀏陽	作有「武昌珞珈山豆科植物之研究」
理學院	生物學系	蕭 絜	男	二七	湖南湘潭	作有「武昌近郊鳥類調查報告」
理學院	生物學系	歐陽福	男	二九	江西萍鄉	作有「武昌東湖水生種子植物之研究」

◀ 国立武汉大学第三届毕业生名单。当时理学院生物学系的学生对武汉地区植物、鸟类做了研究。

▲1934 年，国立武汉大学国语演说竞赛获奖者照片。

▲1928 年，国立武汉大学的运动场，学生在进行体育活动。

▲1934 年，国立武汉大学排球队。

▲1948 年，国立武汉大学已经有完善的校园基础设施，学生拥有丰富的校园生活，校园有银行、各类体育场，各类竞赛如火如荼，女生也积极参与体育活动。

▲1948 年，国立武汉大学学生开展丰富多彩的体育活动。

国立武昌商业专门学校

一、学校沿革

1916年9月，辛亥革命党人在武昌三道街（存古学堂旧址）创办了一所国立专门大学——国立武昌商业专门学校。这是近代以来中国第一所国立商业高等学校，也是惟一一所设在首都之外的国立专门学校。1923年更名为国立武昌商科大学。1926年并入国立武昌中山大学。

▲1922年，国立武昌商业专门学校校门。

二、校园风光

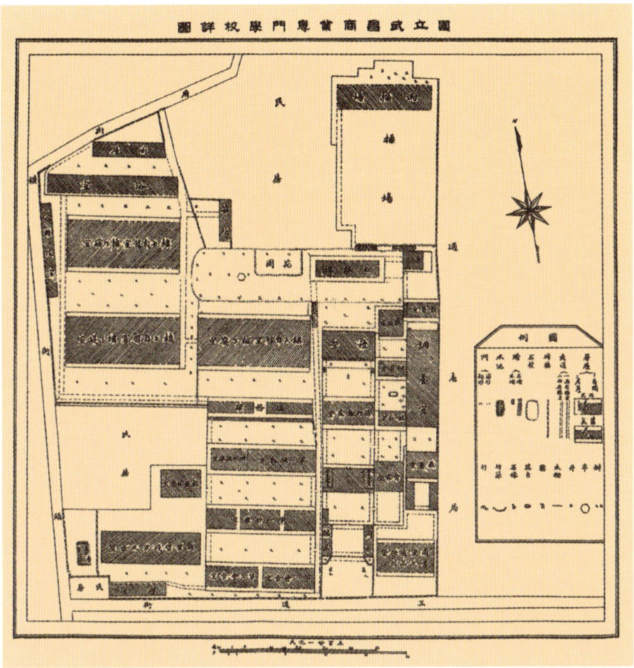

▶1922 年，国立武昌商业专门学校详图。

▲1922 年，国立武昌商业专门学校打字机室、商品陈列室外景。

▲1922 年，国立武昌商业专门学校自习室及寝室。

▲1922 年，国立武昌商业专门学校石经楼。

三、师生剪影

▲ 葛宗楚（1880—1947）早年受张之洞保荐赴日本高等商业学校深造，1919 年出任国立武昌商业专门学校校长。

▲ 1922 年，国立武昌商业专门学校在校同学合影。

四、教学实践活动

▶ 国立武昌商业专门学校商业实践课教室内景

▶ 国立武昌商业专门学校商品陈列室内景

国立武昌商业专门学校学生在打字机室内上课

国立武昌商业专门学校拳术部活动场景

▶ 国立武昌商业专门学校网球部活动场景

◀ 1922 年国立武昌商业专门学校足球部成员合影

国立湖北师范学院

一、学校沿革

国立湖北师范学院是抗战胜利后湖北省的最高师范院校。1931年5月，该校创办于武昌宝积庵（今湖北大学校址），初名湖北省立乡村师范学院，后改名湖北省立教育学院。设教育系、农业教育系及民众教育、职业乡村教育和职业师资3个专修科。1936年7月停办。1941年秋，湖北省立教育学院在恩施复办，内设农村教育系及国文、英文、数学、理化、音乐、体育、史地等专修科。1944年改名国立湖北师范学院，农村教育系改为教育系，体育仍为专修科，其余专修科均改为系。1946年8月先迁至湖北省沙市（今荆州市沙市区），1948年后迁汉口中山大道下段，借中学校舍办学。

1949年7月16日，武汉市军管会下令整顿国立湖北师范学院，8月撤销学校建制。原有理、化、数学3系学生转入武汉大学理工学院，教育、文、史、音乐等系师生转入中原大学，余下的部分教职员转入新成立的湖北教育学院，即今湖北大学的前身。

▲ 国立湖北师范学院院徽

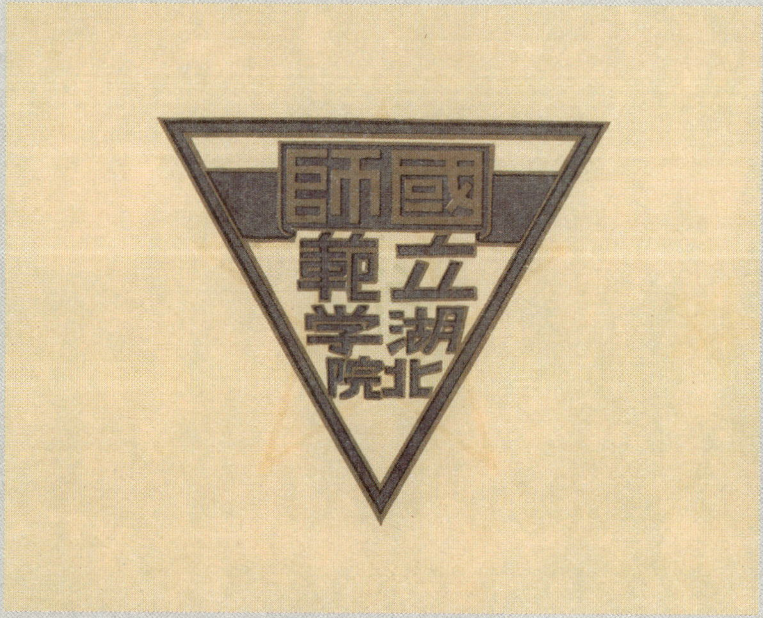

▲ 国立湖北师范学院院章

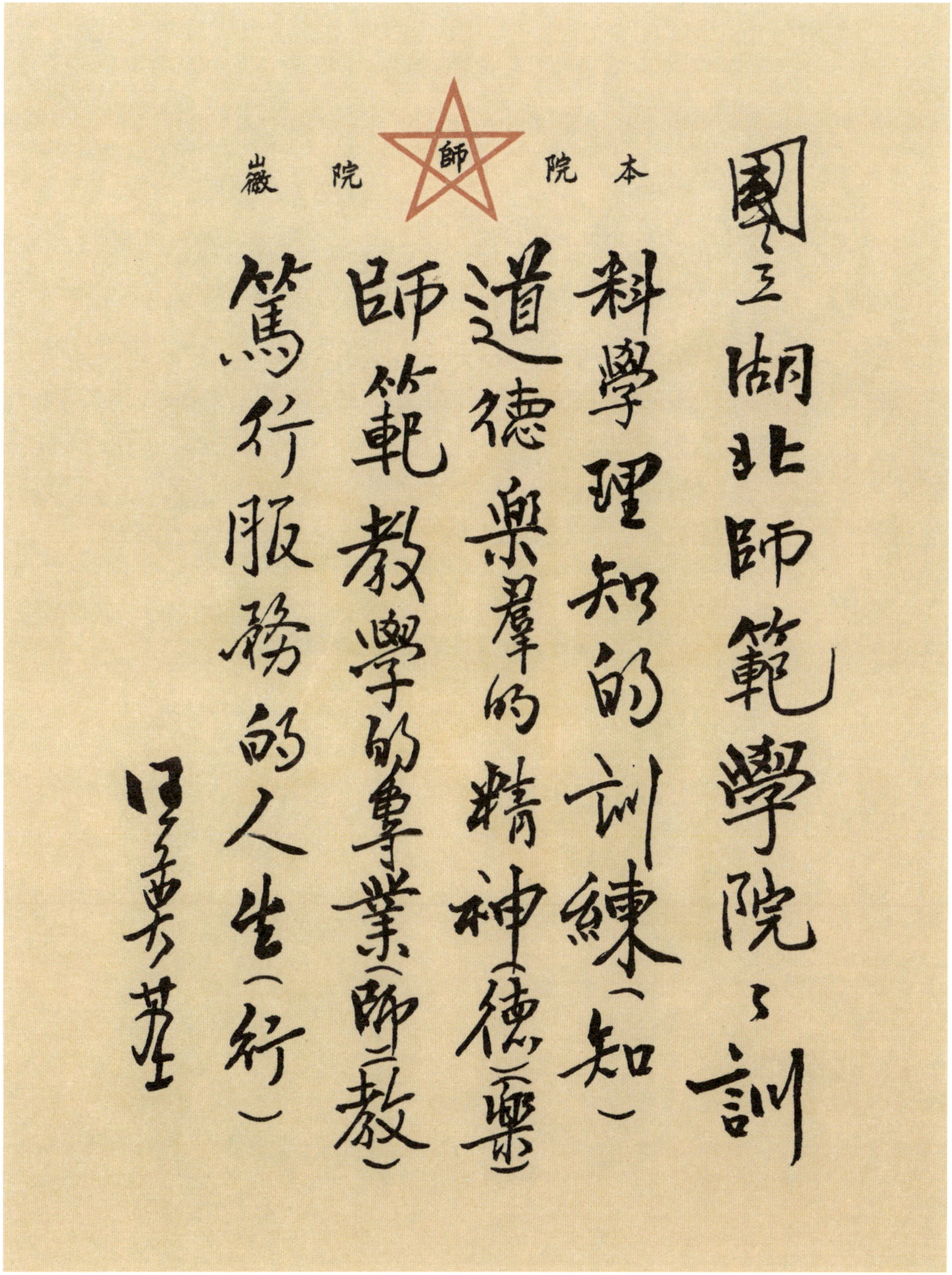

本院院徽
師
國立湖北師範學院院訓
科學理知的訓練（知）
道德樂羣的精神（德）（樂）
師範教學的專業（師）（教）
篤行服務的人生（行）
汪奠基

国立湖北师范学院院训

国立湖北师范学院院歌

二、校园风光

▼1946 年，国立湖北师范学院全体师生在恩施五峰山校区院庆纪念留影。

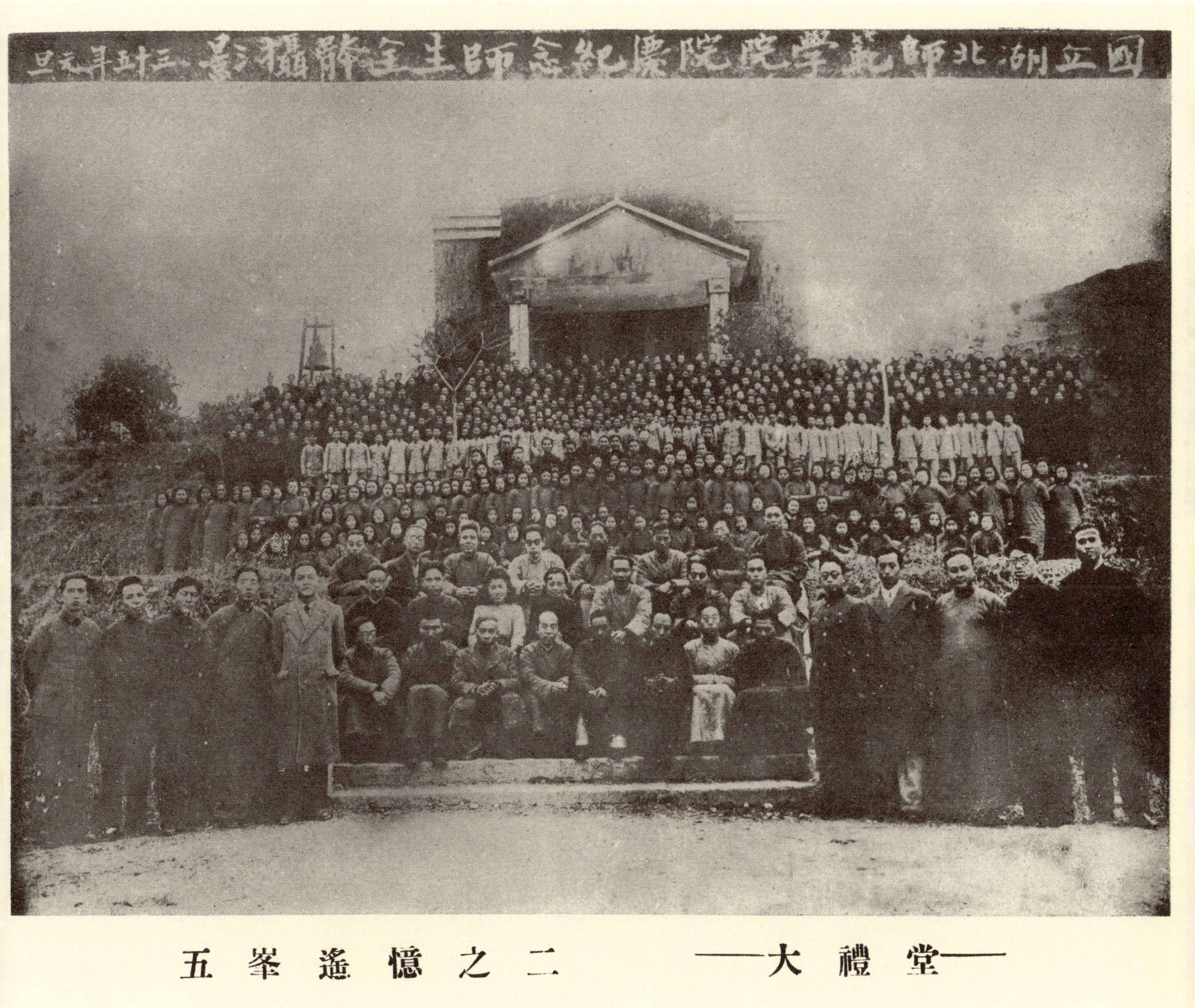

▼1947 年，国立湖北师范学院图书馆成立时合影，背景为沙市院门。

沙 市 遺 痕 之 一

——本 院 院 門——

▶1948 年，国立湖北师范学院汉口本部大门。

▲国立湖北师范学院沙市实验室

▲国立湖北师范学院沙市图书馆

三、师生剪影

▲国立湖北师范学院院长汪奠基（1900—1979）是我国逻辑学家、哲学家、教育学家，曾任中国科学院哲学所学术委员会委员、中国民主同盟中国科学院支部委员、哲学所工会主席。

國立湖北師範學院音樂學系三十六級畢業同學通訊錄

姓名	別號	性別	年齡	籍貫	通訊處	備攷
劉英		女	二三	湖北沔陽	武昌中正路二五三號	
盧業楨		女	二四	湖北天門	天門南城西灣	
張承楨		男	二六	江蘇鎮江	武昌文華中學李校長轉	

一六

國立湖北師範學院體育專修科三十六級畢業同學通訊錄

姓名	別號	性別	年齡	籍貫	通訊處	備攷
黎邦全		女	二〇	四川萬縣	萬縣新城坡十八號	
高聯玖		男	二三	湖北江陵	江陵張金河	

▲1947年，国立湖北师范学院音乐学系和体育专修科毕业同学通讯录。

現任教授履歷表

職別	姓名	別號	性別	年齡	籍貫	學歷
院長	王治孚	伯康	男	五〇	湖北黄陂	國立北京大學畢業 德國柏林大學畢業
教務長	嚴士佳	紱莘	男	五四	黄岡	美國米西根大學畢業 美國哥倫比亞大學教育碩士
訓導長	程璟	仰秋	男	五二	江西南昌	日本東京高等師範畢業
總務長	齊永魁	幼吾	男	三八	湖北黄陂	國立北京大學畢業
教授兼教育系主任	羅濬	季林	男	六〇	孝感	美國希臘古大學教育碩士
教授	孫邦正		男	三六	安徽宜城	國立中央大學教育學士 國立中央大學研究所教育研究生
	朱圩	入之	男	三七	江蘇靖江	國立中央大學教育學士
	王壁如	以字行	男	四七	湖北江陵	日本東京高等師範研究院畢業
副教授	鮑兆寗	以字行	男	三六	安徽巢縣	國立安徽大學教育學士
教授	曹覺民	叔萍（筆名）	男	四二	山東昌邑	清華大學文學士
	張濟時	潤蒼	男	四八	湖北黄陂	武昌師大畢業
講師	孫際良	聯星	男	三四	湖北蘄春	國立西南聯大畢業 美國卡羅拉多大學研究院畢業
助教	王維新		男	二八	黄岡	本院畢業
教授兼國文系主任	張春霆	繼煦	男	七〇	湖北枝江	兩湖大學畢業
教授	舒連景	峻山	男	四三	山東聊城	國立山東大學文學士
	賈修齡	篆安	男	四四	湖北大冶	國立武昌高等師範畢業
	聞惕生	以字行	男	四六	浠水	國立清華大學研究院畢業
	詹楚琛	學時	男	五一	大冶	湖北省立法律專科學校畢業 德國柏林工業大學修業
講師	周學根	雪耕	男	三四	荆門	國立中央大學文學士
副教授	賀良璜	敏生	男	四七	蒲圻	國立中央大學文學士
	姚問樵	新民	男	四〇	當陽	國立北京大學文學士

▲ 国立湖北师范学院部分教员学历、年龄、籍贯等履历信息

1949 年，国立湖北师范学院音乐系师生合影。

1948 年，国立湖北师范学院教育学毕业生留影。

四、教学实践活动

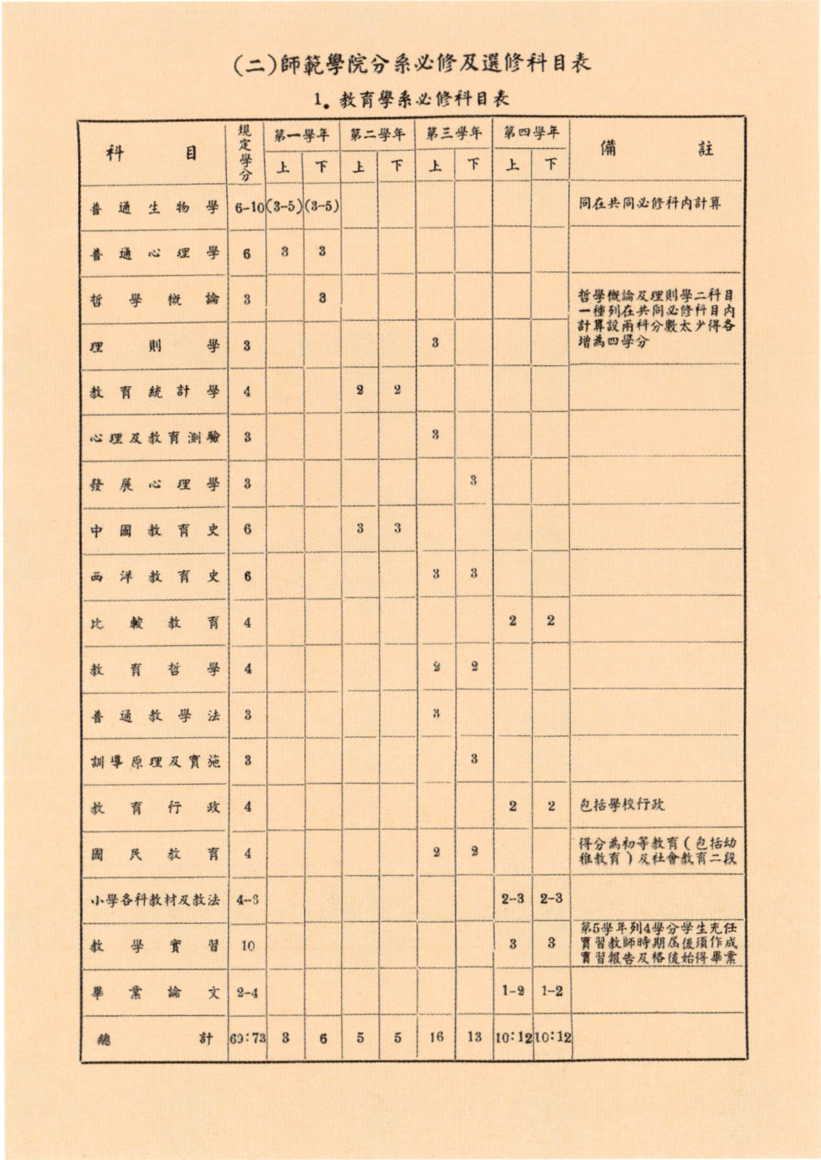

(二)師範學院分系必修及選修科目表

1. 教育學系必修科目表

科目	規定學分	第一學年		第二學年		第三學年		第四學年		備註
		上	下	上	下	上	下	上	下	
普通生物學	6-10	(3-5)	(3-5)							同在共同必修科內計算
普通心理學	6	3	3							
哲學概論	3		3							哲學概論及理則學二科目一種列在共同必修科目內計算設兩科分數太少得各增為四學分
理則學	3					3				
教育統計學	4			2	2					
心理及教育測驗	3					3				
發展心理學	3						3			
中國教育史	6			3	3					
西洋教育史	6					3	3			
比較教育	4							2	2	
教育哲學	4					2	2			
普通教學法	3					3				
訓導原理及實施	3						3			
教育行政	4							2	2	包括學校行政
國民教育	4					2	2			得分為初等教育(包括幼稚教育)及社會教育二段
小學各科教材及教法	4-6							2-3	2-3	
教學實習	10							3	3	第5學年列4學分學生充任實習教師時期屆後須作成實習報告及格後始得畢業
畢業論文	2-4							1-2	1-2	
總計	60:73	3	6	5	5	16	13	10:12	10:12	

▲ 国立湖北师范学院教育学系必修科目表

▲ 国立湖北师范学院创办的校刊——《史地丛刊》

▲1949 年，国立湖北师范学院学生教学实习座谈会上，学生交流分享新的教育方式和实施方法。

▲1949 年，国立湖北师范学院教育系学生实习归来时合影。

「五四」錦標賽之籃球冠軍
——史地球隊——

「五四」錦標賽之排球冠軍
——湘華球隊——

本院足球隊

▲国立湖北师范学院篮球队、排球队和足球队

武漢

省立高校

湖北省立农学院

一、学校沿革

1940 年 11 月 17 日，因抗战迁到恩施的湖北省立农业专科学校改建成立湖北省立农学院。1941 年，美国康奈尔大学农学博士管泽良教授出任院长。1945 年 9 月，抗日战争胜利，学校迁回武昌。1950 年，湖北省立农学院改名为湖北省农学院。1952 年，该校与武汉大学农学院、中山大学、南昌大学、河南大学、广西大学、湖南农学院、江西农学院的部分系（科）组建成立华中农学院，即今华中农业大学前身。

1949 年，湖北省立农学院院门。

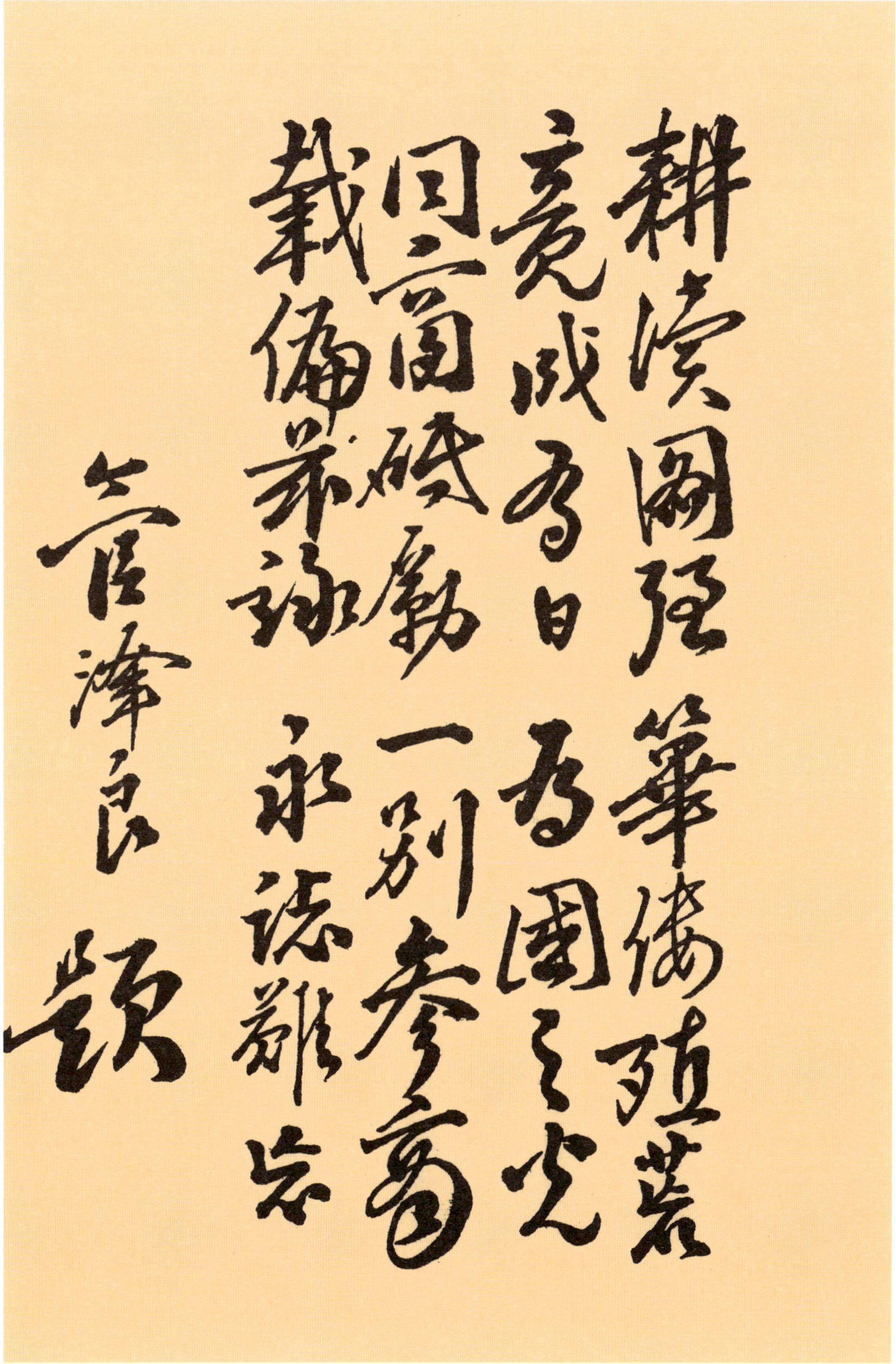

时任院长管泽良为学院题词“耕读图强，筚缕殖荒；竟成有日，为国之光；同窗砥励，一别参商；载偏兹咏，永志难忘”。管泽良（1908—2001），中国农工民主党党员，知名植物遗传学专家。1942年任湖北省立农学院院长，1982年任中华人民共和国国务院参事。

二、校园风光

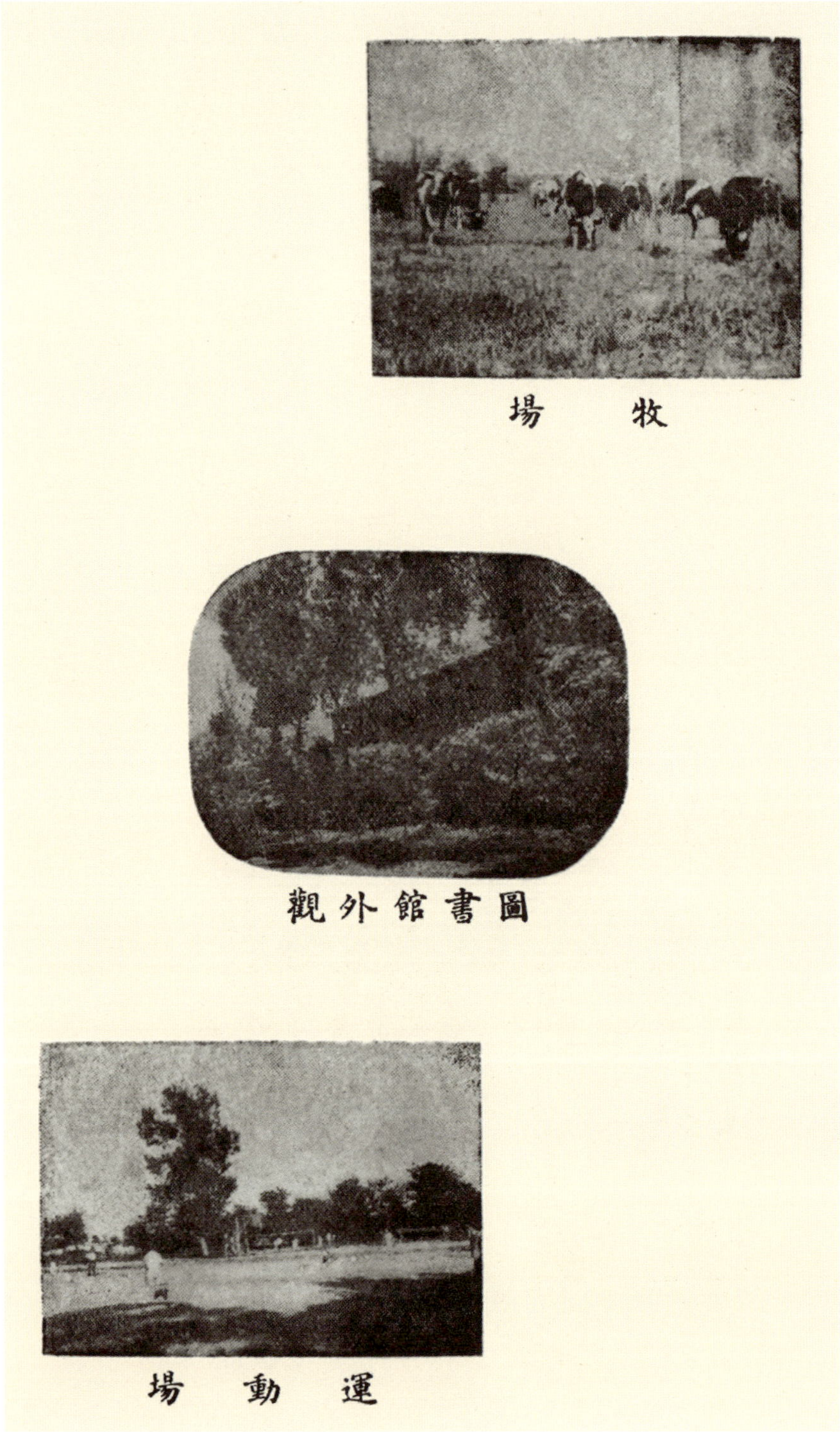

▲1947 年，湖北省立农学院院景之一。

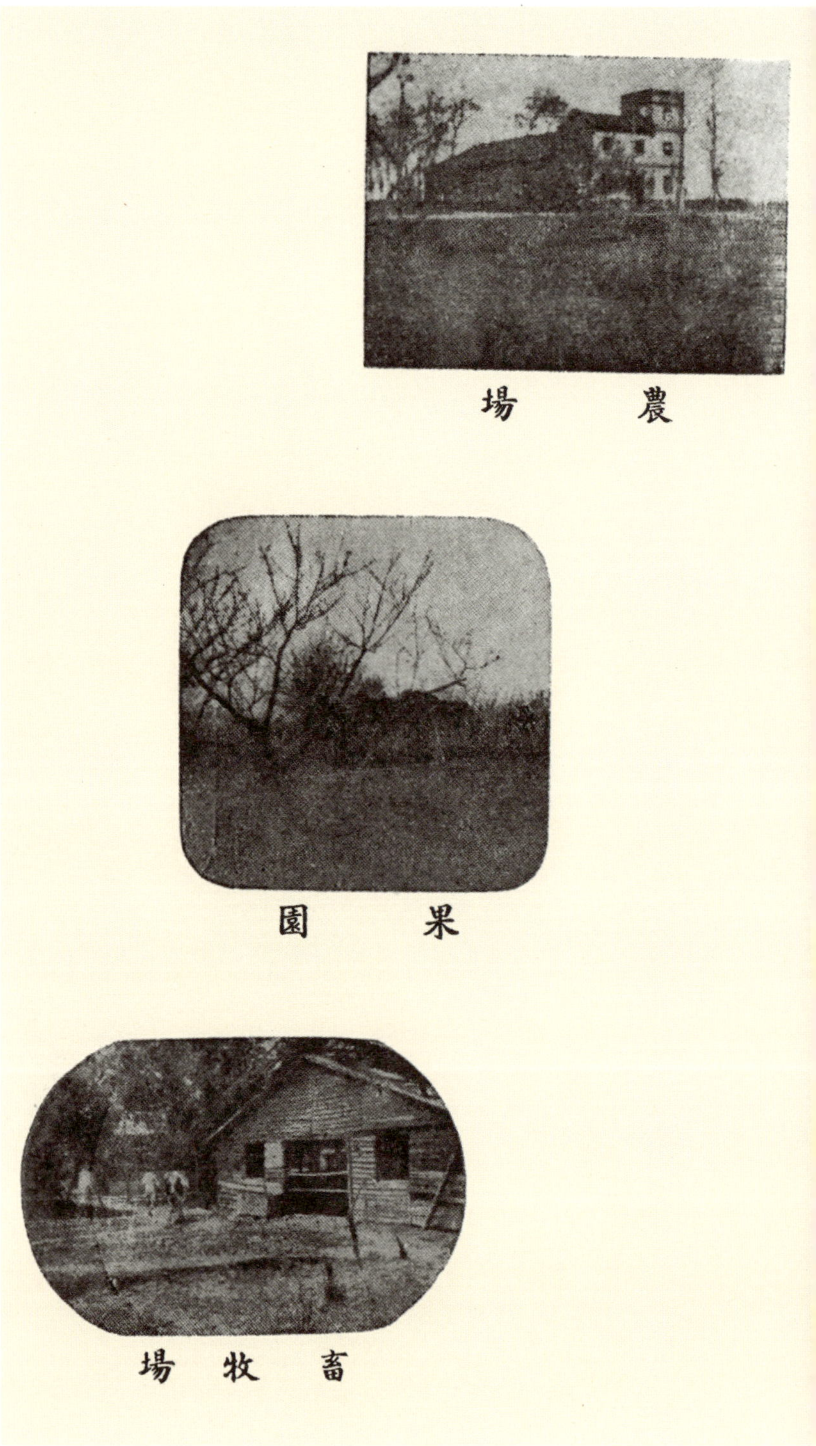

▲1947 年，湖北省立农学院院景之二。

三、师生剪影

▲湖北省立农学院院长管泽良博士

▲湖北省立农学院教授、高级农艺师包望敏先生

1948 年，湖北省立农学院毕业同学全体合影。

1947 年，湖北省立农学院农艺学系毕业学生合影。

▶1947 年，湖北省立农学院园艺学系毕业学生合影。

◀1947 年，湖北省立农学院植物病虫害学系毕业学生合影。

▲1947 年，湖北省立农学院农业经济学系毕业学生合影。

四、教学实践活动

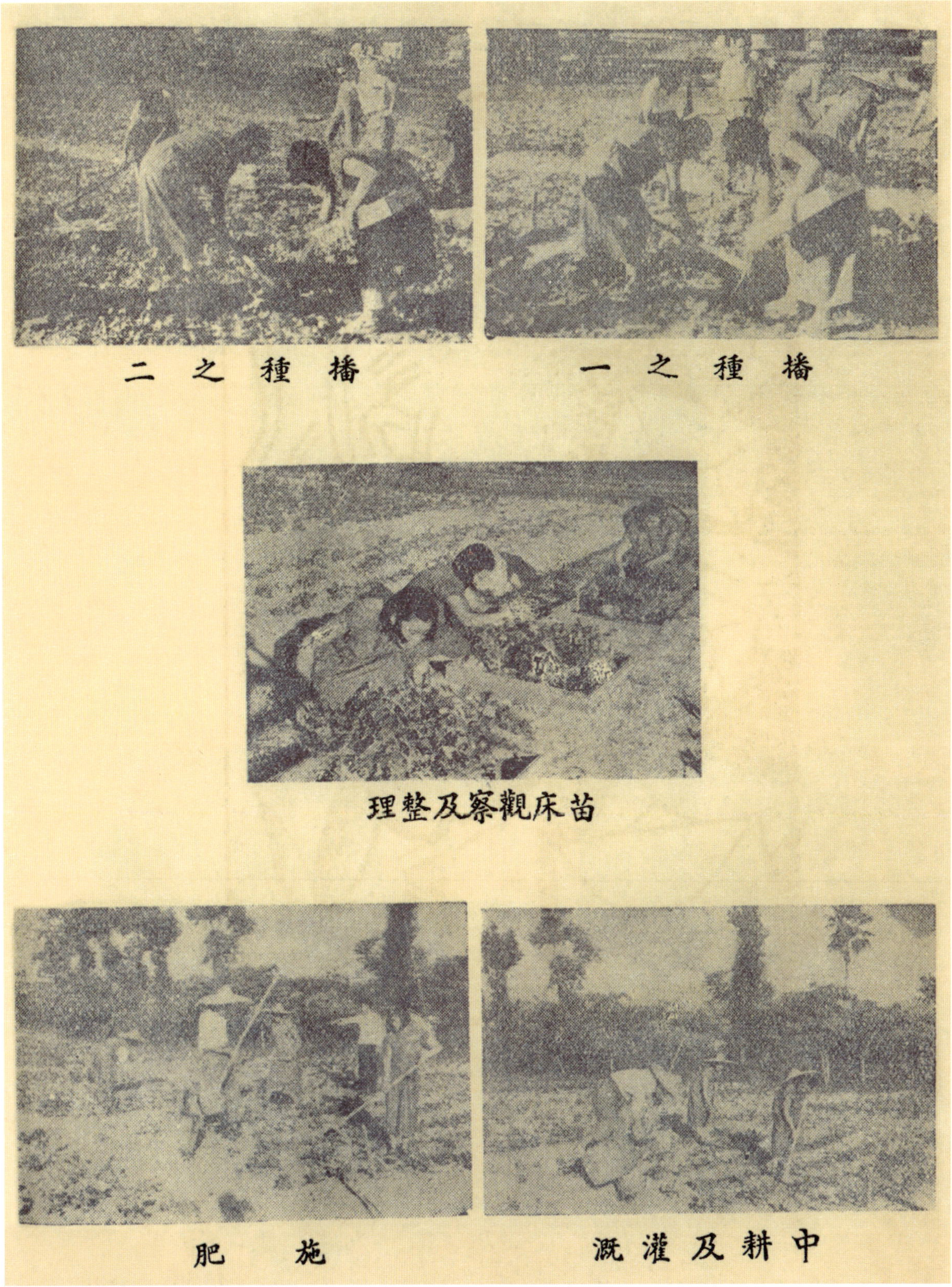

▶1947 年，湖北省立农学院学生生活之一。

日出而作

日入而息

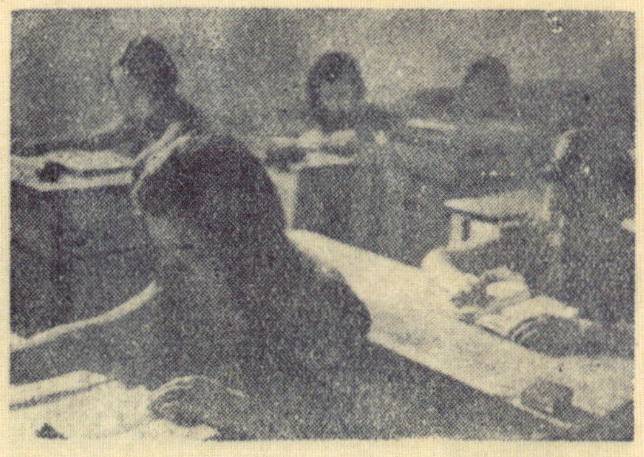

研讀

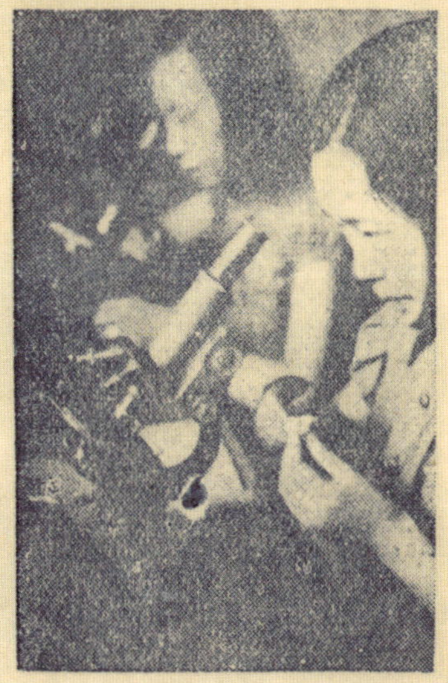

實驗室內

運動場上

1947 年，湖北省立农学院学生生活之二。

學以自用
—農事試驗—

自我收穫之一角
—學生自耕區—

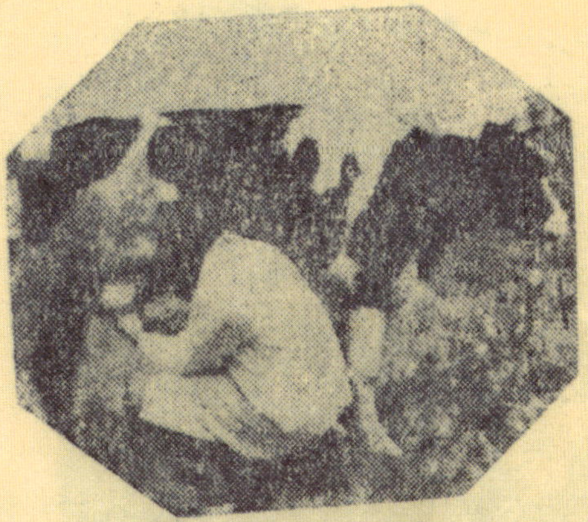

牛脂福民
—擠牛奶—

師生合作開闢新天地
—師生勞働服役—

1947 年，湖北省立农学院学生生活之三。

湖北省公立法政专门学校

一、学校沿革

湖北省公立法政专门学校是民国初年湖北最重要的法律教育机构，培养了大量法律专业人才，刘继和、高振霄、曹振亚、石继民、王炎离等曾在该校就读。该校位于武昌贡院街（今武昌区火炬路），前身为晚清在武昌湖广贡院旧址开设的官立湖北法政学堂，1912 年改名为湖北省公立法政专门学校，1924 年改名为湖北省立法科大学，1926 年 10 月并入武昌中山大学，为武汉大学法学院前身。该校师资雄厚，何羽道、邓希禹曾在该校任教。

◀1920 年，湖北省公立法政专门学校大门。

二、校园风光

▶ 湖北省公立法政专门学校二门——老武昌贡院明远楼。为赓续千年文脉，传递立德树人的价值追求，该楼已于 2021 年完成复建。

◀ 1920 年，湖北省公立法政专门学校校园。

三、师生剪影

▲邓希禹（1889—1981），号初民，1925 年任湖北省立法科大学教务主任。新中国成立后曾任第一届全国人大代表和第二至五届全国人大常委会委员、第一届全国政协委员和第二至五届全国政协常委。

▲何羽道（1882—1928），字翼人，曾在湖北省公立法政专门学校任教，1927 年任武昌中央农民运动讲习所教员、武汉市政委员会委员。大革命失败后加入中国共产党，同年被捕，1928 年初在武汉就义。

專門部第十一班政治經濟科

姓名	別號	籍貫	通訊處
胡學官	達吾	天門	天門麻洋潭胡義發
陳福直	季履	安陸	德安府北門陳永記
任煥章			
陶鳳姿	龍章	南漳	遠安洋坪峽口傳文才轉
徐錫祺	壽維	安陸	德安南門攷棚街
楊光笏	搢紳	安陸	由京漢路花園西孫家店梅擇之轉交
任權	舜卿	安陸	德安南門攷棚街
曹振亞	藴青	陽新	大冶堋頭同裕豐
李治平	植誠	應城	應城丁字街
周鴻緒			
鄔耀墀			
吳滙東	榮泉	咸寧	咸寧河背胡義和轉
黃在中	星伯	隨縣	德安石灰街二十五號
鄭重	有三	沔陽	沔陽仙桃鎮上胡家場朱萬和交
程守銘	湯新	黃岡	湖北教育廳
黃繼先	厚昆	咸寧	咸寧官埠橋鄭大興轉桃花尖
黃道坦	鑲平	黃陂	黃陂北鄉三合店吉善當舖轉交
文監周		湖南宜章	廣東坪石合隆泰號轉
朱朝震	澍宸	四川達縣	城內經歷街二號
馬敬	麒生	湖南衡山	湖南衡山吳集馬祠
向榮芝	蘭伍	宜都	宜都惠通木工廠

專門部第十一班法律科

姓名	別號	籍貫	通訊處
袁逢甲	衛民	大冶	鄂城縣轉保安鎮石福興恒記轉茶子山莊

▲ 曹振亚（1901—1932），1922 年考入湖北省公立法政专门学校，曾任中国工农红军第七军某团团长，后在湘赣苏区作战中牺牲。

方傳業	紹先	湖南	桂東一都大塘墟永和堂代收交
李玉崙	楚毓	湖南	東安白牙市怡和福布號轉瀘塘凹交李家
楊義		四川	四川梁山南城內四牌樓恒順昌轉
周文華		四川梁山	四川梁山南城內畢家巷
陳璧	連城	咸寧	咸寧官埠橋德泰永轉交
江豫章	豐亭	鄖西	鄖西城內老當舖交
劉遠識	凝然	鄖西	鄖西北門內劉正興隆號轉
王大楨	兆祥	四川	四川省廣安縣羅渡溪義順祥轉
王炎離		四川	四川梁山城內雲錦襄轉
章新民	作屏	公安	公安城內直交
陶際唐	堯衢	黃岡	陽邏晋太豐轉
劉岫山	雲峯	安徽穎上	正陽關楊家壋劉興盛轉交
黃家珍		湖北夏口	武昌察院坡黃秀文石印舘轉交
李名鏞	侶笙	湖北陽新	陽新縣城大西門正街
顏其海	睿愚	湖北沔陽	沔陽縣城古柏門正街
張華		湖北德安	德安西門四狀元里四十九號交
朱雲波		湖北公安	沙市阧湖堤紗廠交
王壽春		江西都昌	九江中洋街口同福順號轉交
錢哲明		湖北咸寧	馬橋郵局轉交
白育明		湖南華容	西正街青湖公所
楊汝文		四川梁山	四川梁山北門一牌樓裕榮昌轉
劉厚生	德坤	沔陽	仁桃鎮王市口轉周家榨
胡滙東	漢上	荊門	沙洋合興義號交
李樹穠		沔陽	楊樹峯交
胡駿逸	道庵	湖北金湖	武昌老牙厘局街五十三號轉交
魏耀樞	丙勳	咸寧	咸寧柏墩吳吉泰號轉
江化鯤	步雲	江西永新	永新縣城內同興隆號轉交山田江村

▲ 王炎离（1908—1931），1925 年就读于湖北省立法科大学，后曾任四川工农红军第三路游击队政治部副主任。1930 年被捕，在狱中坚持向难友进行革命宣传，1931 年牺牲。

四、教学实践活动

▲ 湖北省公立法政专门学校开设法律、政治经济两科，每年各招一班，招生人数共在百人左右。图为该校第拾班师生合影。

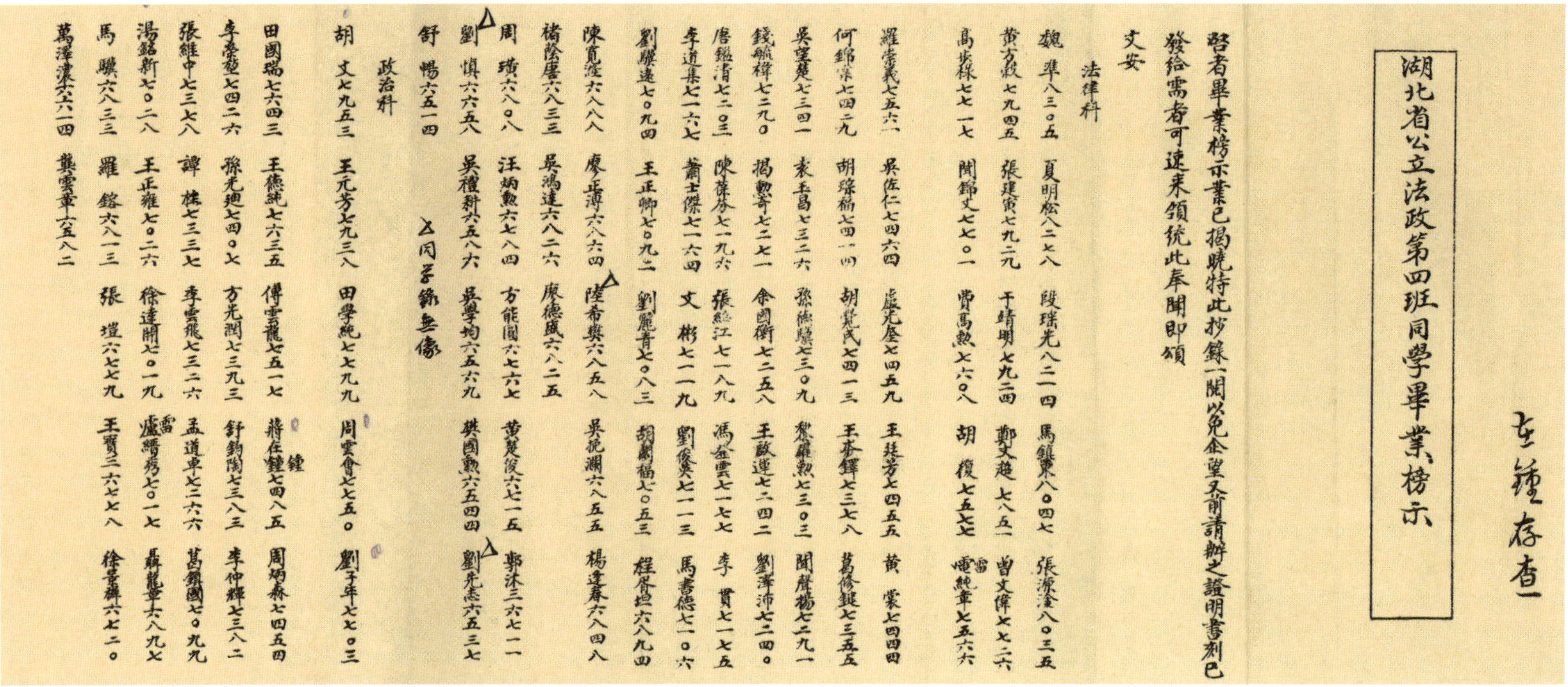
湖北省公立法政第四班同學畢業榜示

查鍾存查

照得本畢業榜示業已揭曉特此抄錄一閱以免全堂各前請辦之證明書剎已發給需者可速來領統此奉聞即頌
文安

▲1920 年，湖北省公立法政专门学校第四班同学毕业榜示。

證書

學生帥古鏡係湖北省黃安縣人現年二十一歲自民國九年八月起至十年七月止在本校預科修業一學年期滿考查成績及格特此證明

湖北省公立法政專門學校校長羅兆鴻

中華民國十年十二月 日

第伍拾號

▲1921 年 12 月，湖北省公立法政专门学校预科修业证书。

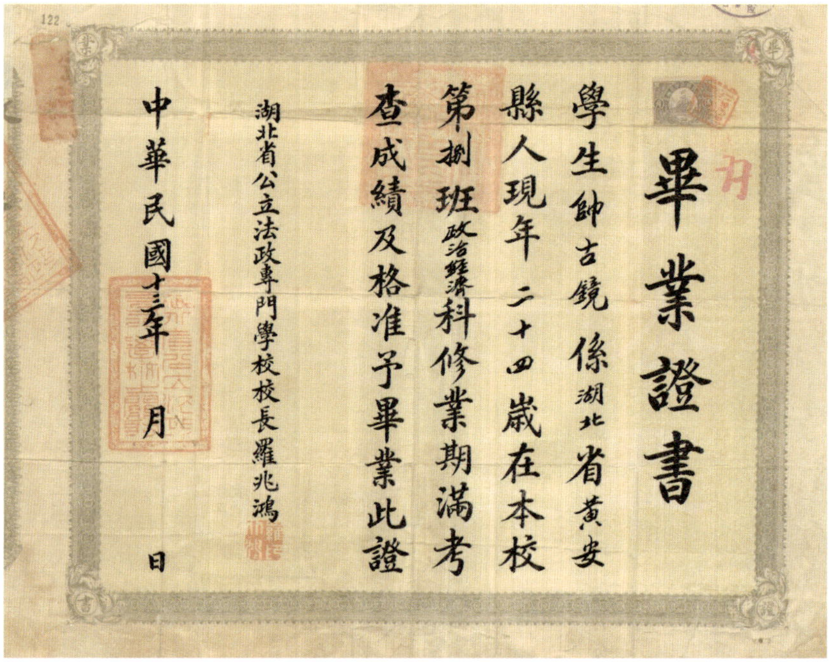
畢業證書

學生帥古鏡係湖北省黃安縣人現年二十四歲在本校第捌班政治經濟科修業期滿考查成績及格准予畢業此證

湖北省公立法政專門學校校長羅兆鴻

中華民國十三年 月 日

▲1924 年，湖北省公立法政专门学校政治经济科毕业证书。

湖北省立医科大学

一、学校沿革

1921 年，湖北陆军军医学堂毕业生陈雨苍设立湖北医学专门学校。1923 年学校更名为湖北省立医科大学。1926 年并入国立武昌中山大学，后以实习医院为基础扩充后成立湖北省立医院（今武汉大学人民医院前身）。1943 年，重建湖北省立医学院。新中国成立后，先后改名湖北省医学院、湖北医学院、湖北医科大学，是今日武汉大学医学部的主体。

二、师生剪影

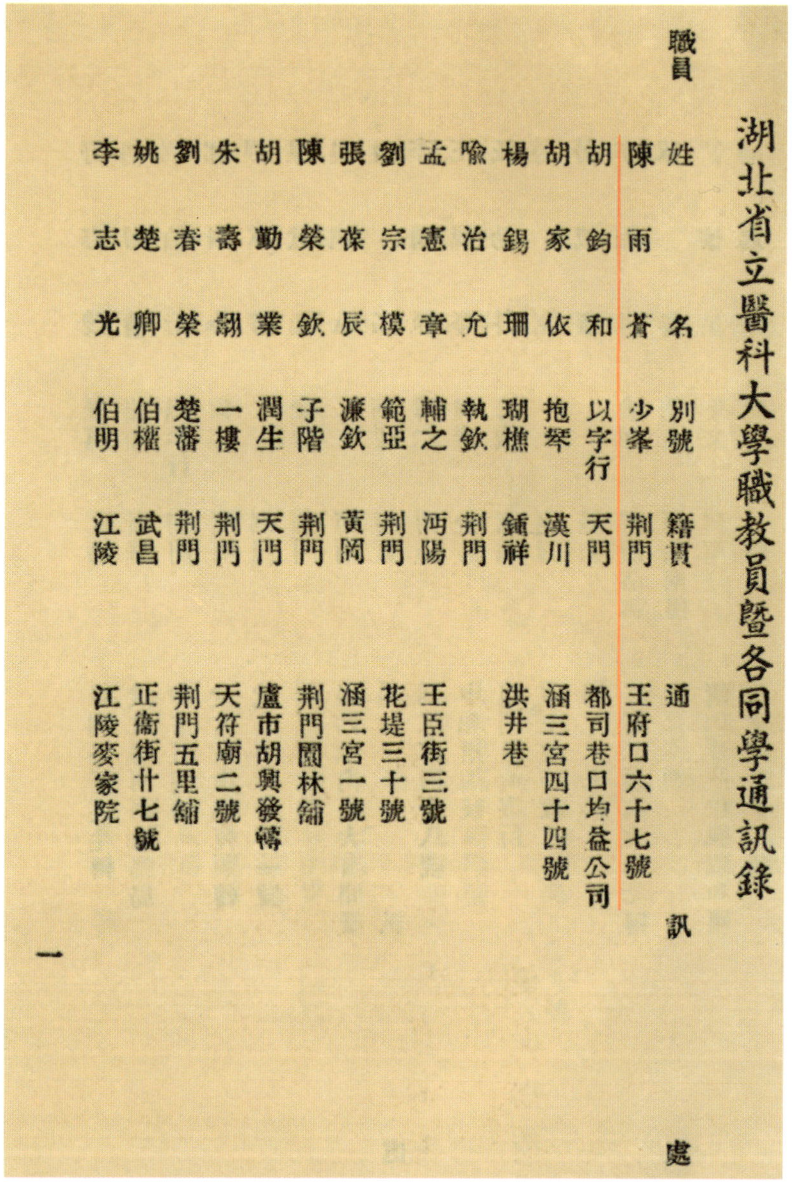

湖北省立醫科大學職教員暨各同學通訊錄

職員

姓名	別號	籍貫	通訊處
陳雨蒼	少峯	荊門	王府口六十七號
胡鈞和	以字行	天門	都司巷口均益公司
胡家依	抱琴	漢川	涵三宮四十四號
楊錫珊	瑚樵	鍾祥	洪井巷
喻治允	執欽	荊門	
孟憲章	輔之	沔陽	王臣街三號
劉宗模	範亞	荊門	花堤三十號
張森辰	濂欽	黃岡	涵三宮一號
陳榮欽	子階	荊門	荊門園林舖
胡勤業	潤生	天門	盧市胡興發轉
朱壽翃	一樓	荊門	天符廟二號
劉春榮	楚藩	荊門	荊門五里舖
姚楚卿	伯權	武昌	正衛街廿七號
李志光	伯明	江陵	江陵麥家院

一

▲ 湖北省立医科大学职教员暨各同学通讯录。时任校长陈雨苍，字少峰（1889—1947），湖北省荆门人，早期中共党员，是我国西医界的前驱，也是今湖北省人民医院即武汉大学人民医院的创始者。

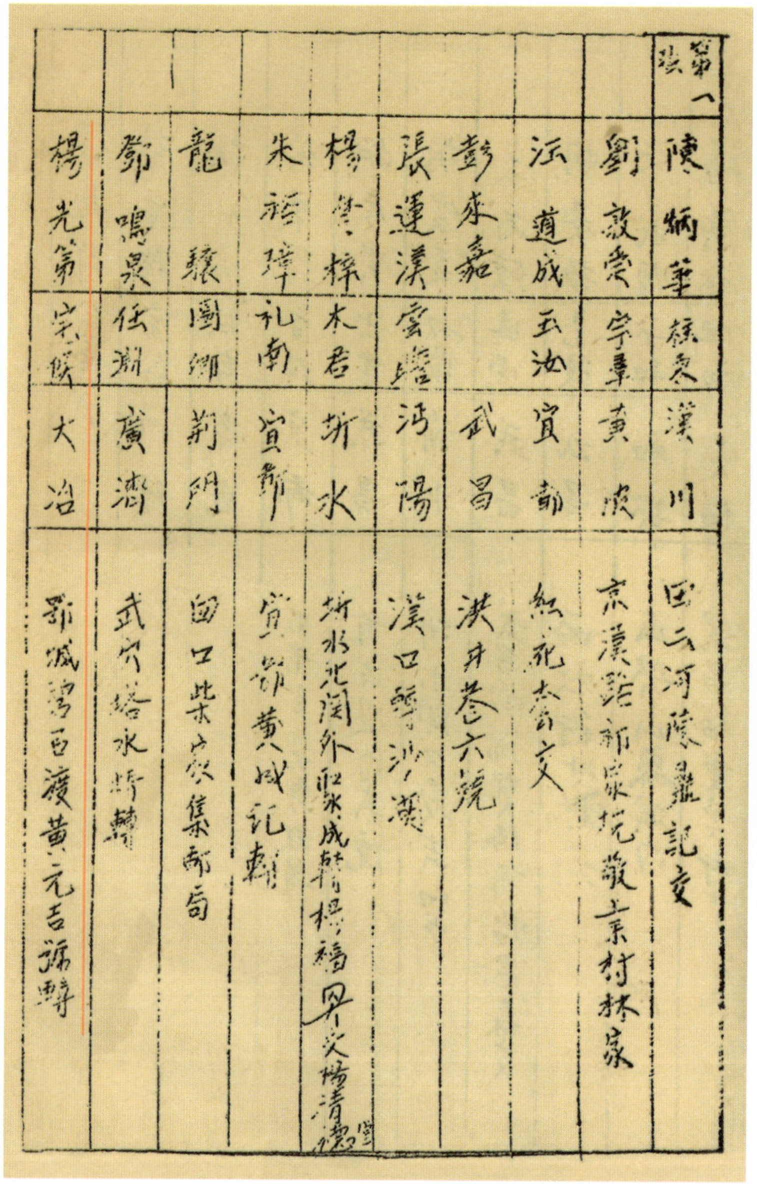

第一班

陳炳華	[illegible]	漢川	田二河陳鼎記交
劉啟愛	[illegible]	黃陂	京漢路祁家坑[illegible]村林家
汪道成	玉泉	宜都	紅花套交
彭來嘉		武昌	洪井巷六號
張蓮漢	雲階	沔陽	漢口[illegible]沙灘
楊[illegible]梓	木君	浠水	浠水北關外[illegible]成[illegible]楊[illegible]
朱裕璋	礼南	宜都	宜都黃[illegible]城記轉
龍驤	圖卿	荊門	[illegible]口柴[illegible]集郵局
鄧鳴泉	伍淵	廣濟	武穴塔水[illegible]轉
楊光第	宅候	大冶	鄂城[illegible]西[illegible]黃元吉[illegible]轉

▲ 第一班专门部学生名单及通讯处。杨光第，字宅候（1902—1989），1923 年被录至湖北省立医科大学。1950 年 1 月后任武汉市第二医院院长，为武汉市第二医院的发展做出了重要贡献。

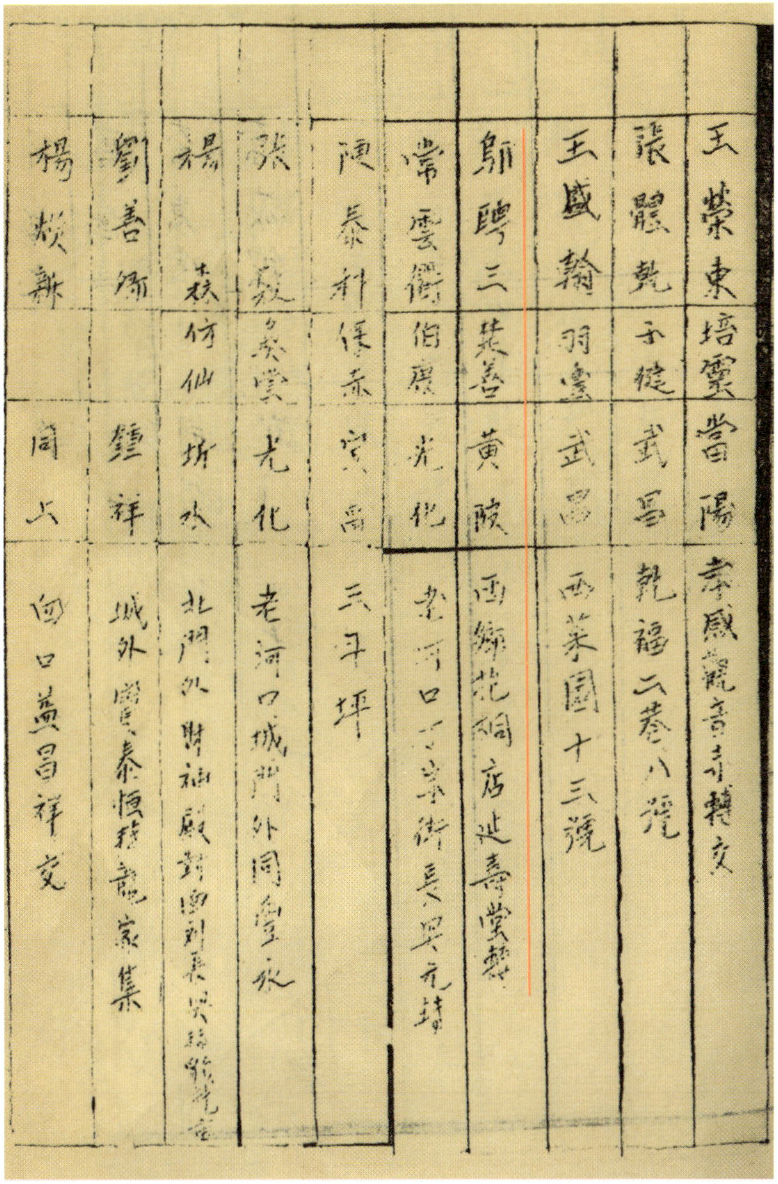

▲ 第一班专门部学生名单及通讯处。邬聘三，字楚善（1900—1930），湖北黄陂人，1923 年考入湖北省立医科大学。1928 年，在汉口开诊所，以医生身份作掩护，秘密从事党的地下工作，1930 年牺牲。1952 年被追认为革命烈士。

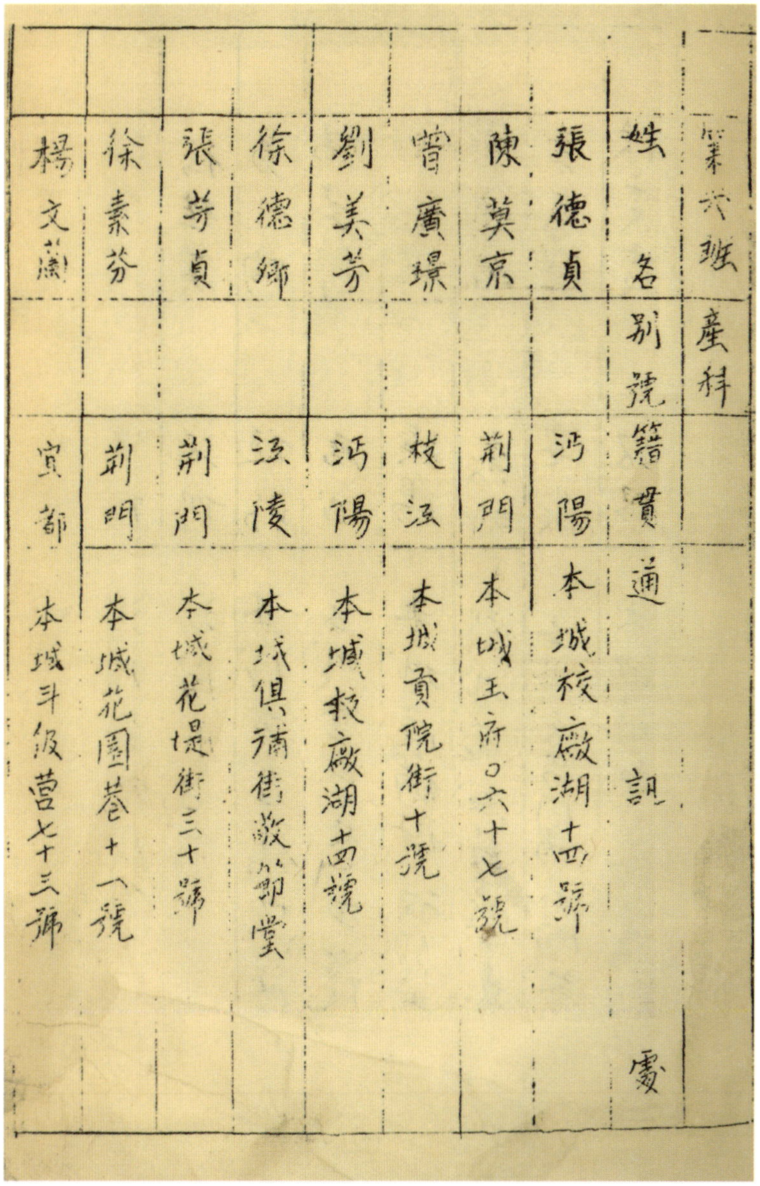

▲ 第六班产科学生名单及通讯处

湖北外国语专门学校

一、学校沿革

湖北外国语专门学校于1912年成立，由时任民国副总统兼湖北都督黎元洪的英文秘书郭泰祺在武昌旧保甲局之中路高等小学堂旧址开办，拟设法、德、俄、日语各科，因经费不足，仅招德语1班。1914年教育部认为该校校名不符合外国语学校的统一规定，改名为湖北省立外国语专门学校。1922年该校迁至武昌南湖，1924年改名为湖北省立文科大学，1927年并入武昌中山大学，1928年改组武昌中山大学组建国立武汉大学，是国立武汉大学的前身之一。

▲ 湖北外国语专门学校校门

二、校园风光

▲湖北外国语专门学校图书室

三、师生剪影

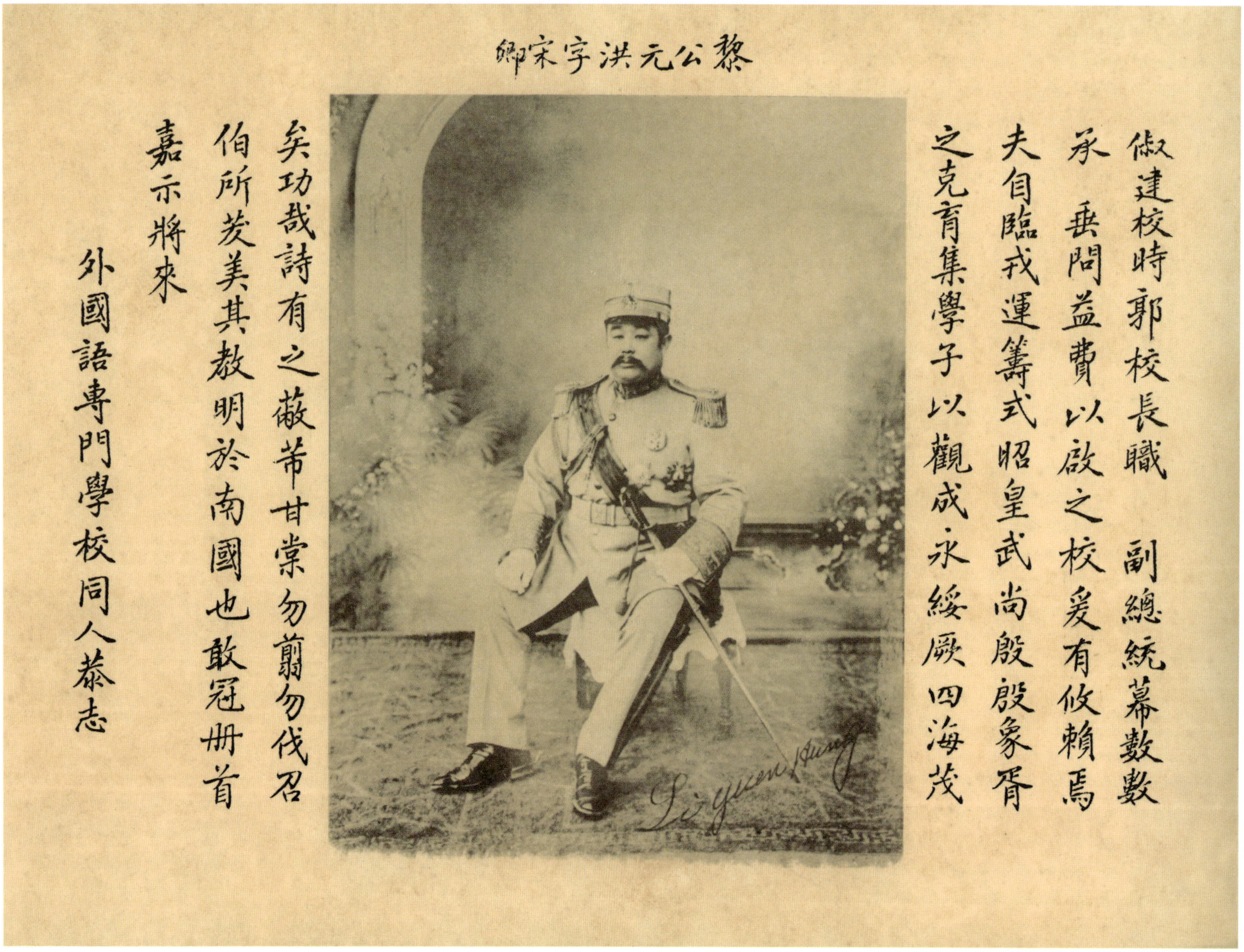

黎公元洪字宋卿

傚建校時郭校長職 副總統幕數數
承 垂問益費以啟之校爰有攸賴焉
夫自臨戎運籌式昭皇武尚殷殷象胥
之克育集學子以觀成·永綏厥四海茂
矣功哉詩有之蔽芾甘棠勿翦勿伐召
伯所茇美其教明於南國也敢冠册首
嘉示將來
外國語專門學校同人恭志

▲1912 年，中华民国第一任副总统黎元洪出资筹建湖北外国语专门学校。

▲1912 年，湖北外国语专门学校建立，黎元洪英文秘书郭泰祺出任湖北外国语专门学校首任校长。郭泰祺后任北洋政府外交部次长、联合国安理会首任中国首席代表等职。

▲ 湖北外国语专门学校德语科聘请的德国教员格拉塞

▲湖北外国语专门学校德语科和英语科毕业学生外文姓名、年龄及通讯地址

四、教学实践活动

▲湖北外国语专门学校足球队合影

私立高校

私立武昌中华大学

一、学校沿革

私立武昌中华大学是中国第一所私立综合性大学。1912 年，湖北黄陂（今武汉市黄陂区）人士陈宣恺、陈朴生合捐资产，创办中华学校于武昌粮道街，始办大学预科、专门部法政别科、英文专修科等。1915 年起，北洋政府教育部正式认可其改办私立武昌中华大学，先后开办哲学、经济学、交通学等本科。1926 年校舍被军阀毁损，学校停办。1927 年中华大学专门部并入国立武昌中山大学。1928 年重新单独开办。1938 年学校西迁宜昌，旋迁重庆。1945 年迁回武昌原校舍复课。1952 年全国院系调整，原有系科专业分别调入武汉大学和华中高等师范学校（今华中师范大学）。

◀民国建立，中国教育体制随之而变，私立学校蔚然兴起。图为 1912 年成立的私立武昌中华大学校门，黎元洪拨旧粮道署为校舍。

▲私立武昌中华大学校徽

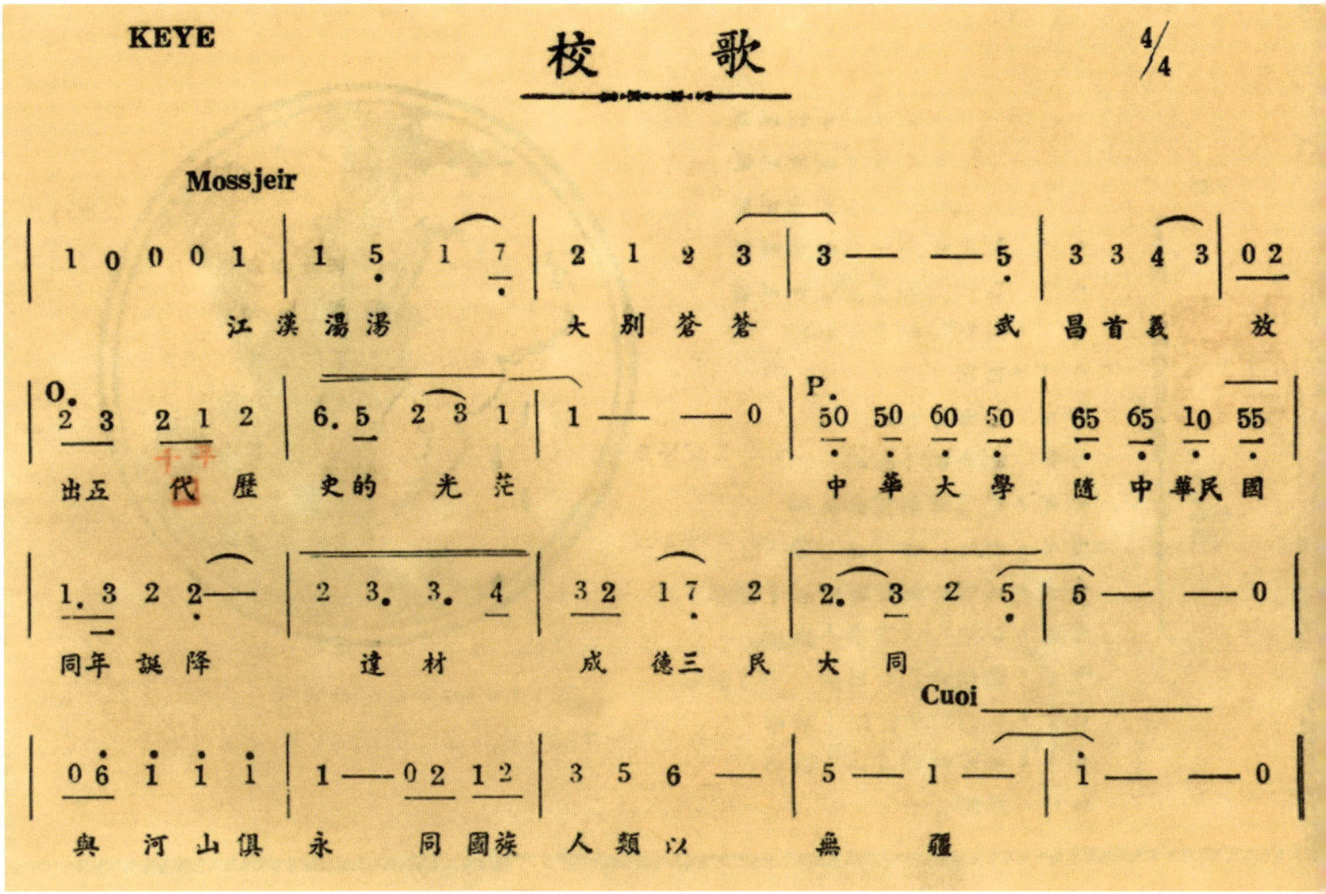

▲私立武昌中华大学校歌

武昌中華大學畢業紀念
斐然成章
蔡元培題

▲蔡元培为私立武昌中华大学题词“斐然成章”

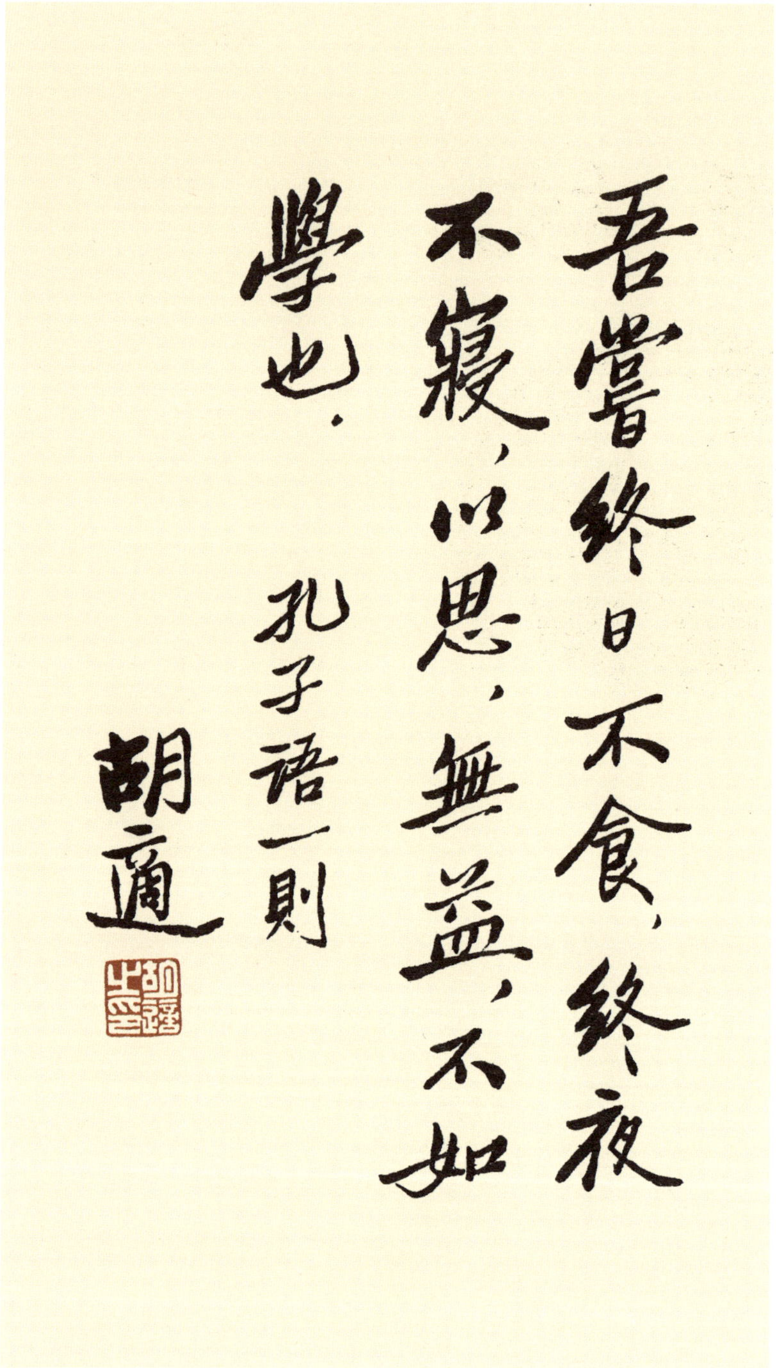
吾嘗終日不食，終夜
不寢，以思，無益，不如
學也。
孔子語一則
胡適

▲胡适为私立武昌中华大学题词“吾尝终日不食，终夜不寝，以思，无益，不如学也”。

二、校园风光

▲1934 年，私立武昌中华大学鸟瞰全景。

三、师生剪影

▲私立武昌中华大学创办者
陈宣恺（1847—1917）

▲私立武昌中华大学校长陈时
（1891—1953），陈宣恺之子。

▲梁启超（1873—1929）曾任
私立武昌中华大学校董

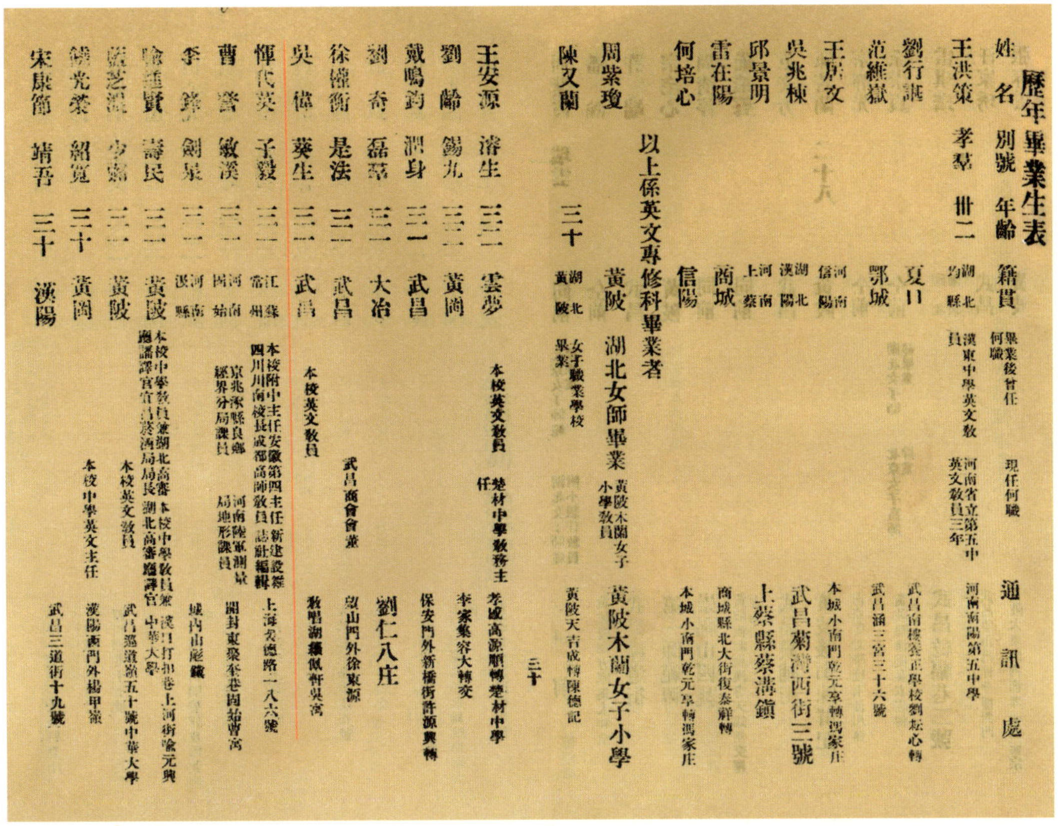

歷年畢業生表

姓名	別號	年齡	籍貫	畢業後曾任何職	現任何職	通訊處
王洪策	孝琹	卌二	湖北竹谿	漢東中學英文教員	河南省立第五中英文教員三年	河南南陽第五中學
劉行謙			夏口			武昌南樓蒼正學校劉耘心轉
范維嶽			鄂城			武昌涵三宮三十六號
王屏文			河南信陽			本城小南門乾元亭轉馮家庄
吳兆棟			湖北漢陽			武昌菊灣西街三號
邱景明			河南上蔡			上蔡縣蔡溝鎮
雷在陽			商城			商城縣北大街復泰祥轉
何培心			信陽			本城小南門乾元亭轉馮家庄
以上係英文專修科畢業者						
周紫瓊			黃陂	湖北女師畢業	黃陂木蘭女子小學教員	黃陂木蘭女子小學
陳又蘭		三十	湖北黃陂	女子職業學校畢業		黃陂天吉成轉陳德記
王安源	濬生	三二	雲夢	本校英文教員	楚材中學教務主任	孝感高源順轉楚材中學
劉齡	錫九	三二	黃岡			李家集容大轉交
戴鳴鈞	潤身	三一	武昌			保安門外新橋街許源興轉
劉奇	磊磊	三一	大冶			劉仁八庄
徐鑑衡	是法	三二	武昌		武昌商會會董	望山門外徐東源
吳偉	葵生	三二	武昌	本校英文教員		[illegible]湖[illegible]軒吳寓
惲代英	子毅	三二	江蘇常州	本校附中主任安徽第四主任四川川南校長成都高師教員	新建設雜誌社編輯	上海愛德路一八六號
曹譽	敏溪	三二	河南固始	京兆涿縣良鄉經界分局課員	河南陸軍測量局地形課員	開封東聚奎巷固始曹寓
李鋒	劍泉	三二	河南淇縣			城內山彪鎮
喻峯賢	壽民	三二	黃陂	本校中學教員兼湖北高審廳譯官宜昌蒸滷局局長	本校中學教員兼湖北高審廳譯官	漢口打扣巷上河街喻元興 中華大學
藍芝瀛	少嵐	三二	黃陂	本校英文教員		武昌糧道街五十號中華大學
錢光榮	紹寬	三十	黃岡	本校中學英文主任		漢陽西門外楊甲嶺
宋康節	靖吾	三十	漢陽			武昌三道街十九號

三十

▲ 中国共产党早期青年运动领导人之一恽代英（1895—1931），1918 年于私立武昌中华大学哲学系毕业后，留校任中学部主任。

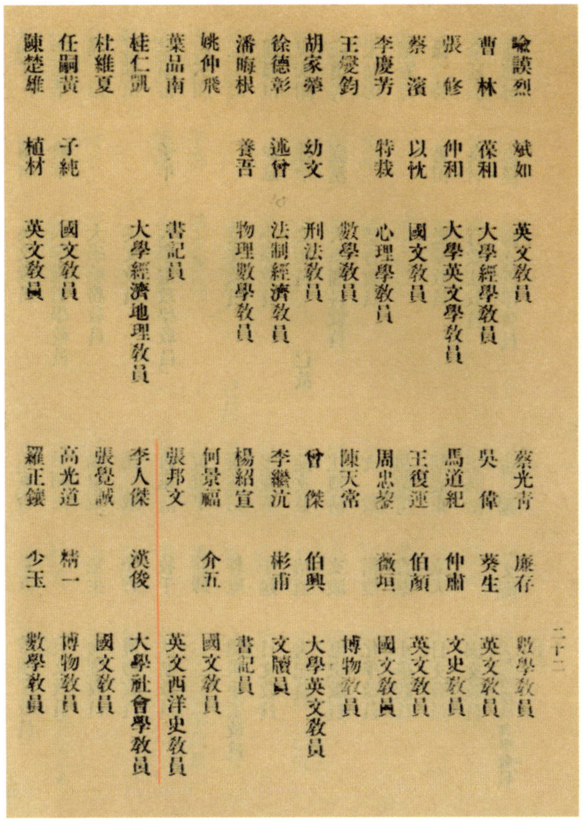

喻談烈	斌如	英文教員	蔡光青	廉存	數學教員
曹林	葆和	大學經學教員	吳偉	葵生	英文教員
張修	仲和	大學英文學教員	馬道紀	仲肅	文史教員
蔡濱	以忱	國文教員	王復運	伯顏	英文教員
李慶芳	特裁	心理學教員	周忠鍌	[illegible]	國文教員
王燮鈞		數學教員	陳天常		博物教員
胡家華	幼文	刑法教員	曾傑	伯興	大學英文教員
徐德彰	述曾	法制經濟教員	李繼沅	彬甫	文牘員
潘晦根	養吾	物理數學教員	楊紹宣		書記員
姚仲飛			何景福	介五	國文教員
葉品南		書記員	張邦文		英文西洋史教員
桂仁凱		大學經濟地理教員	李人傑	漢俊	大學社會學教員
杜維夏			張覺誠		國文教員
任嗣黃	子純	國文教員	高光道	精一	博物教員
陳楚雄	植材	英文教員	羅正鑲	少玉	數學教員

二十二

▲ 中国共产党创建人之一李汉俊，1922 年回到武汉后，曾在私立武昌中华大学、武昌师范大学等校担任社会学教授，继续宣传马克思主义。

四、教学实践活动

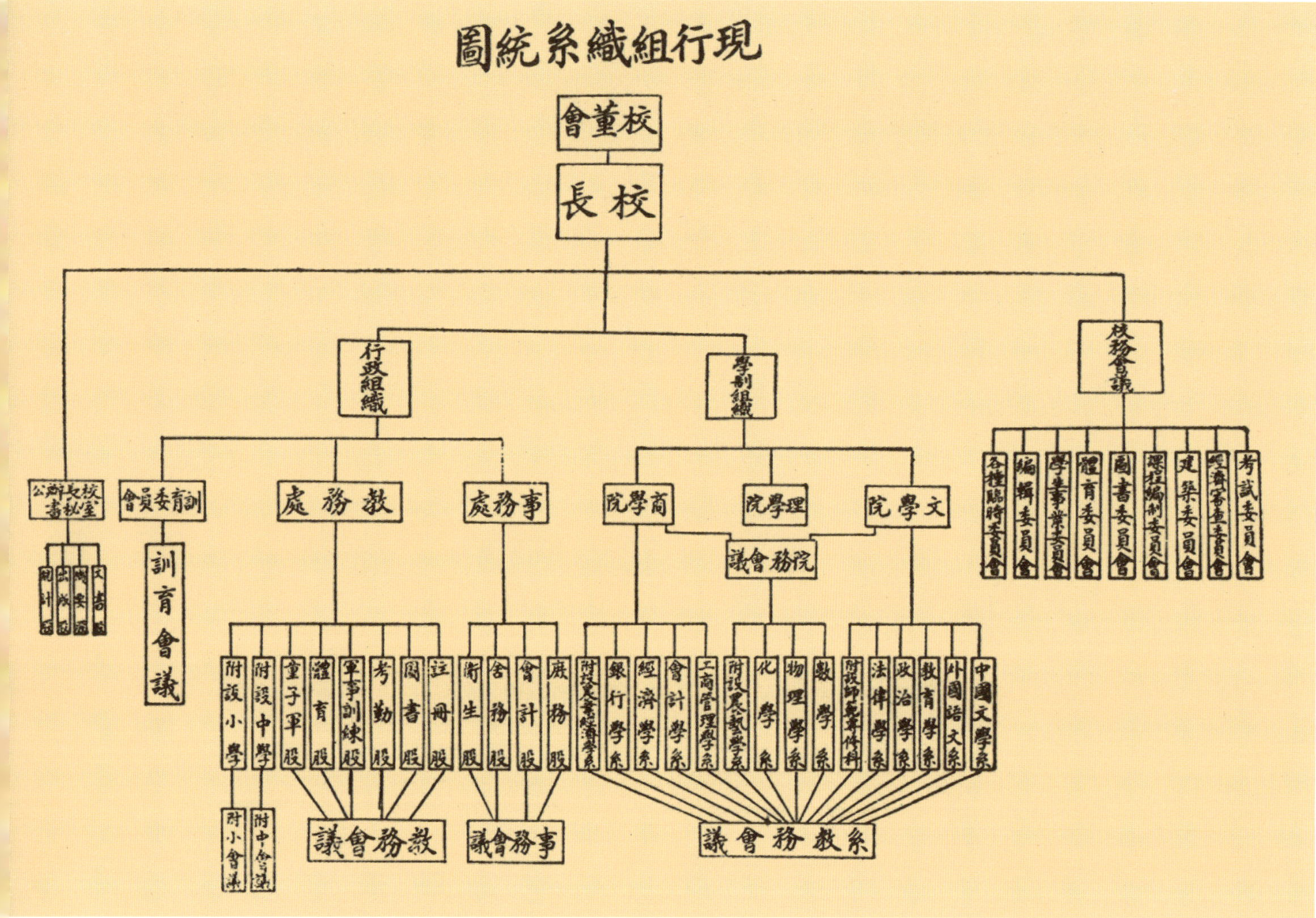

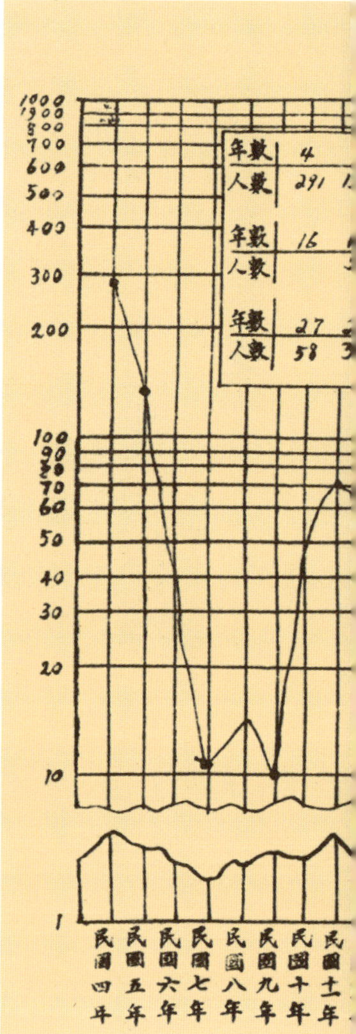

▲1932 年，私立武昌中华大学组织结构。

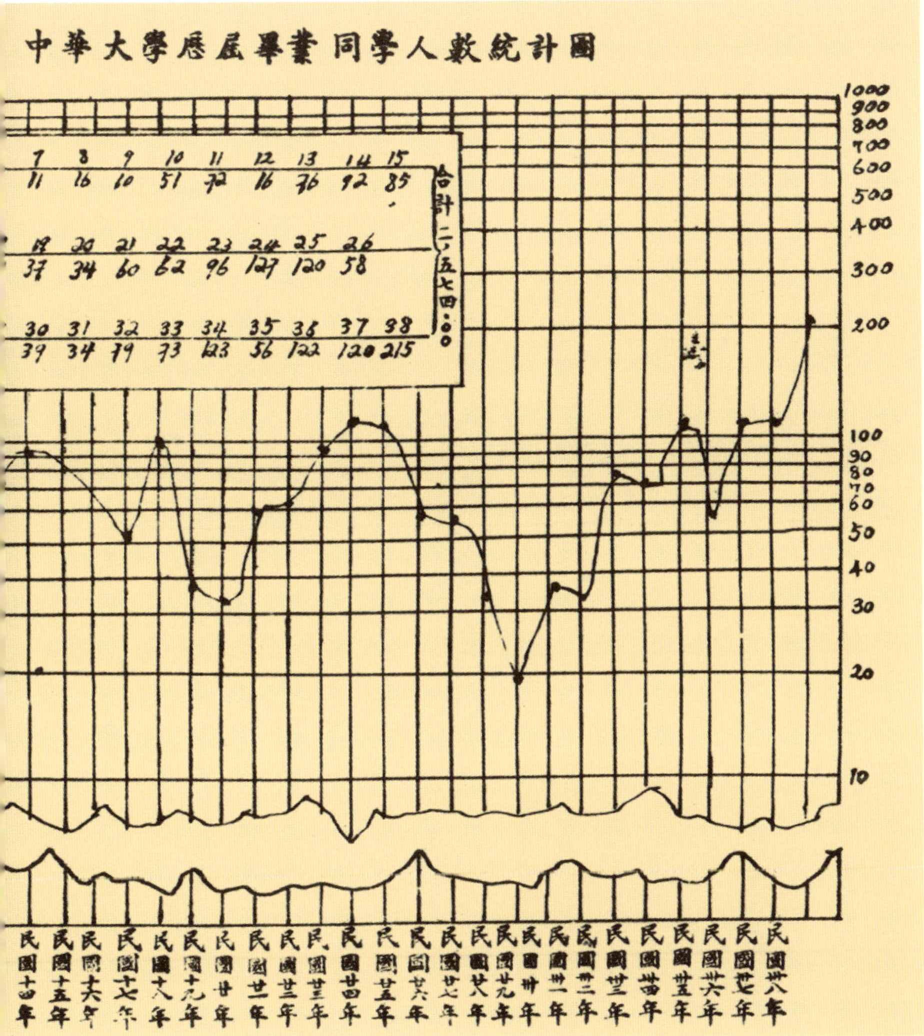

▲私立武昌中华大学历届毕业人数统计图

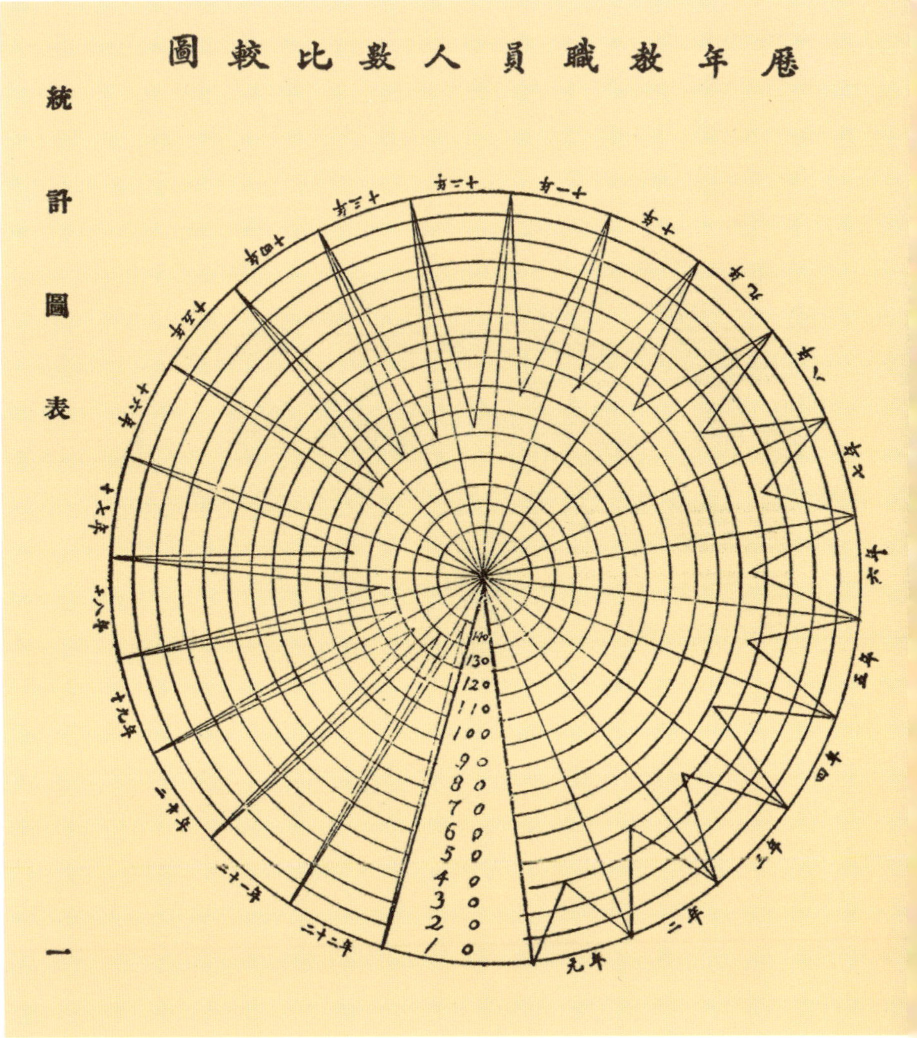

▲私立武昌中华大学历年教职员人数比较图

▲1947 年 7 月，私立武昌中华大学师生欢送王震寰校长出席在英国伦敦召开的第十一届国际化学会议。

◀在图书馆的学生

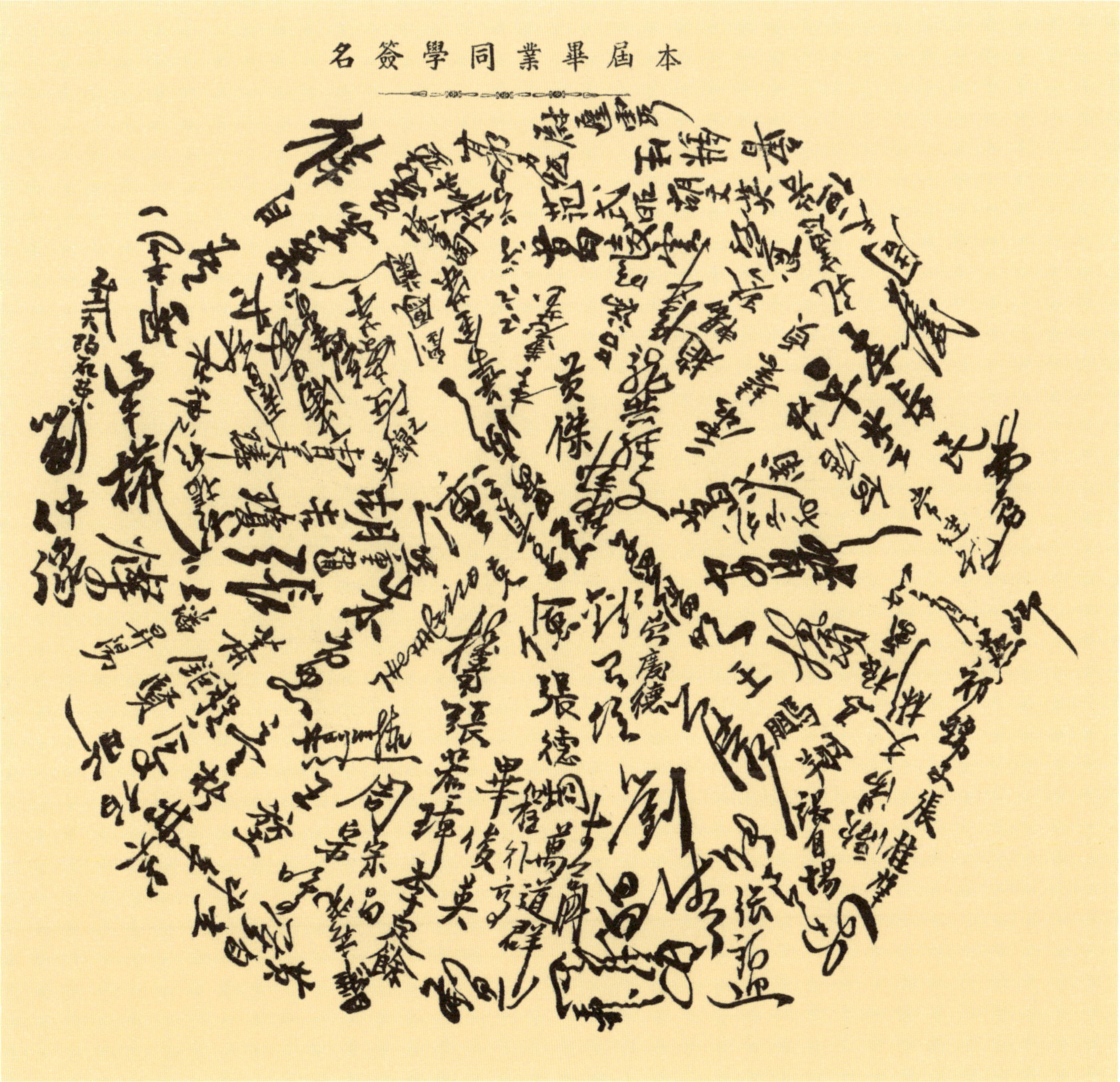

▲私立武昌中华大学第六十一届毕业生集体签名

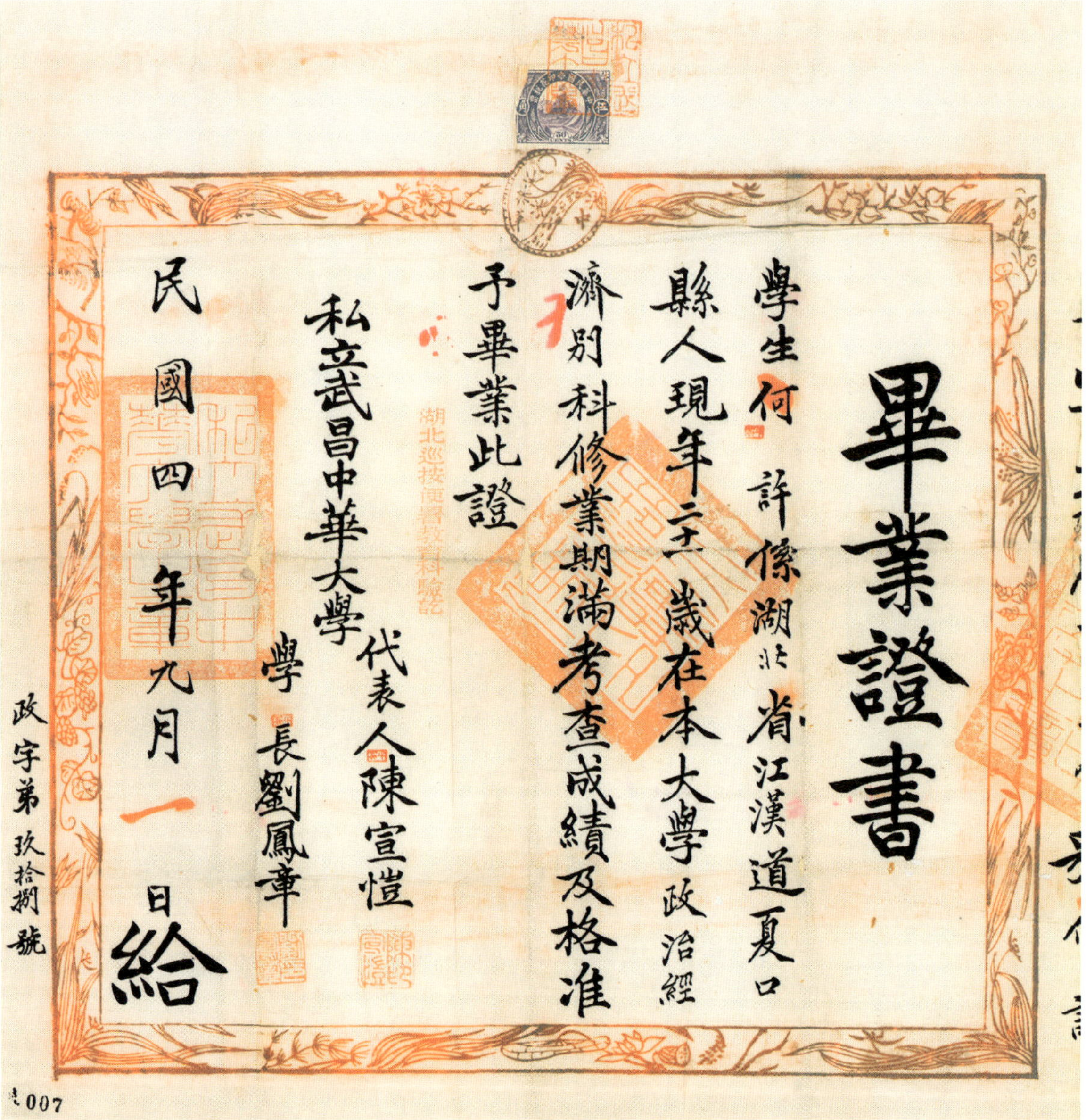
畢業證書

學生何許 係湖北省江漢道夏口縣人現年二十一歲在本大學政治經濟別科修業期滿考查成績及格准予畢業此證

湖北巡按使署教育科驗訖

私立武昌中華大學代表人陳宣愷

學長劉鳳章

民國四年九月一日給

政字第玖拾捌號

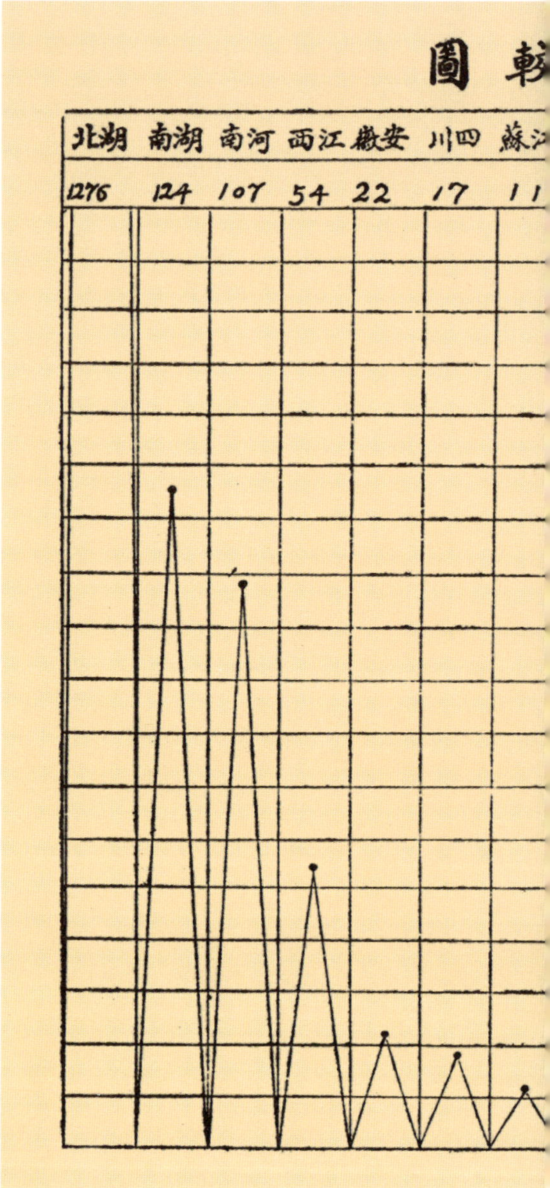

▲1915年，私立武昌中华大学第一届专科毕业生毕业证书。

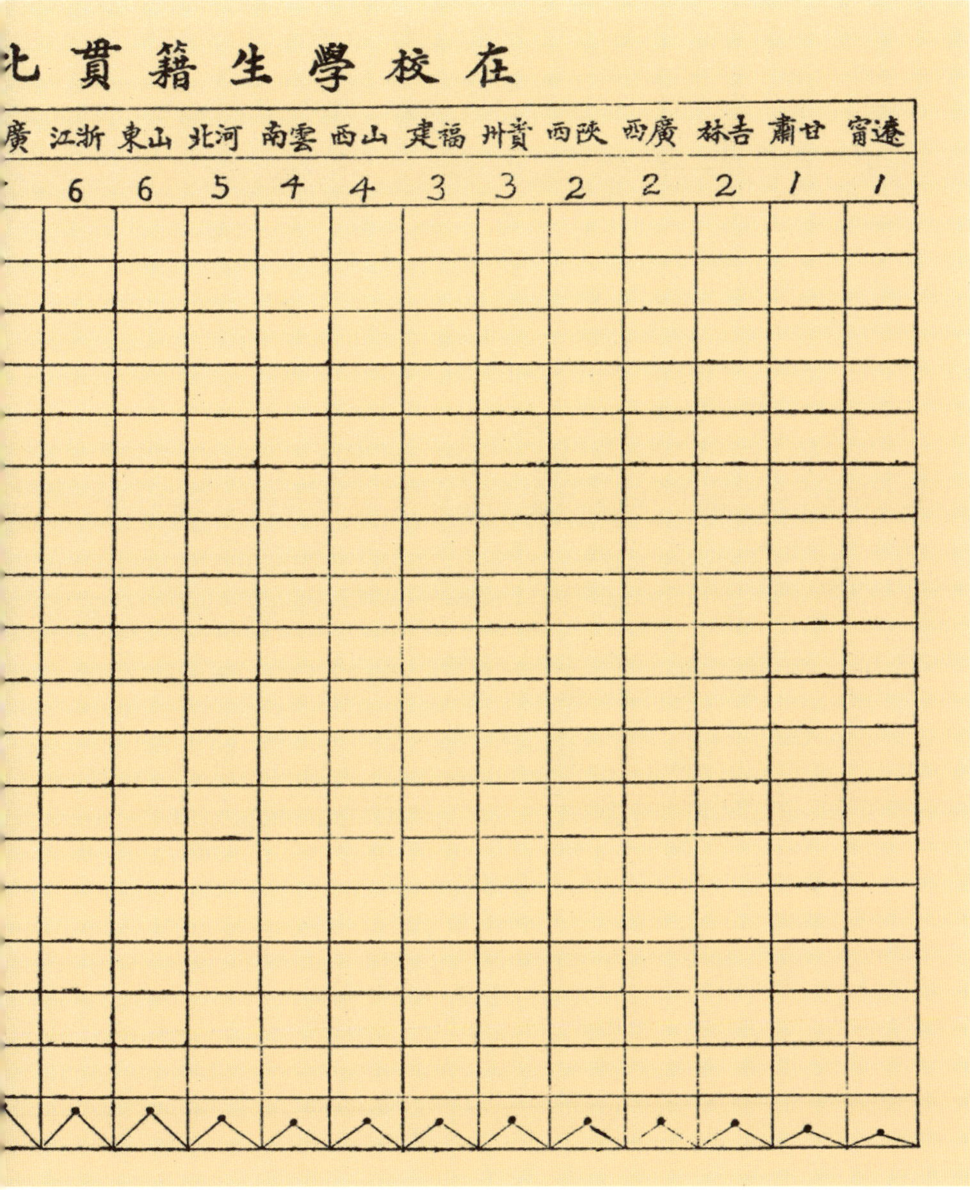

▲1932 年，私立武昌中华大学在校学生籍贯比较图。

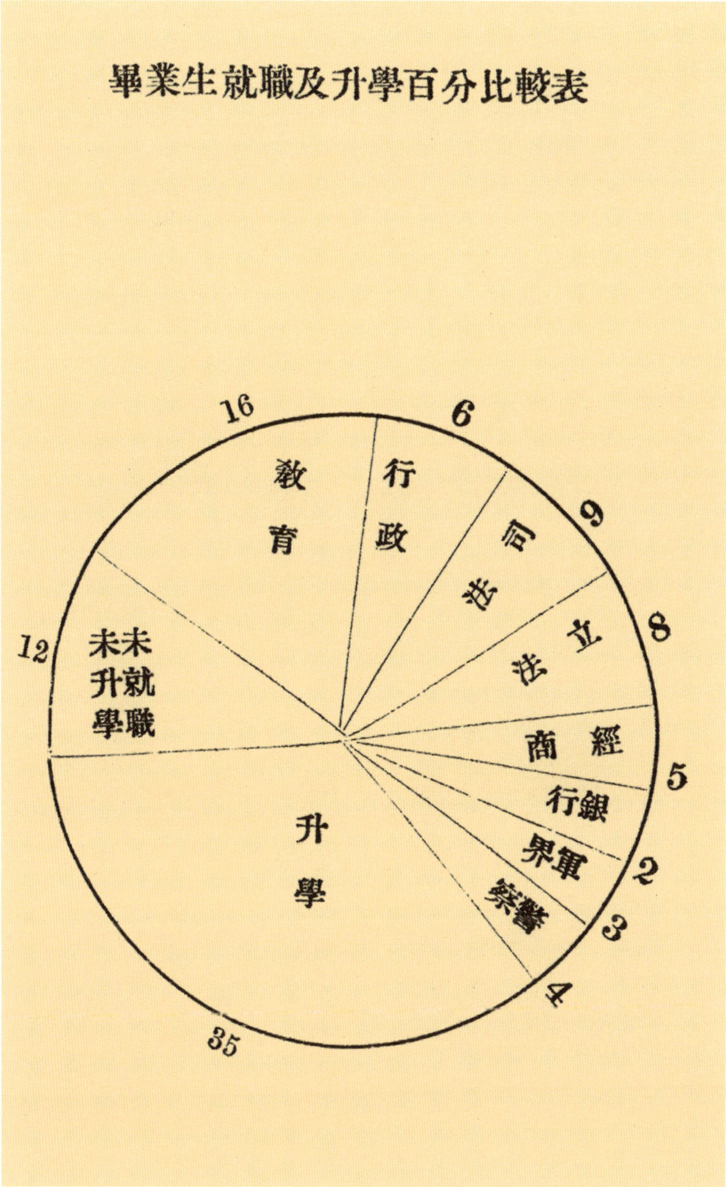

▲1923 年，私立武昌中华大学毕业生就业情况。

陳家鶴　政治經濟學士

處此經濟竭蹶，政治變動之過程中，吾友翔棣卒能畢業於本大學政經系，實爲難能可佩！

溯當革命北伐，正吾友畢業於省立高中之時，甫即加入革命工作．歷任渠縣縣黨部委員，縣政府科長，暨本省市小學訓教等事宜，既展平日之碩學，復本教後之知困，特勤工兼讀，四年匪懈．竟人誕登彼岸之今日，實可預祝光明於未來！

余忝列同系，交相久，誼甚厚，且所處環境，亦復相同，誠堅苦中之知已也，茲値同學鋟付梓之夕，原本「人生是努力的，奮鬥的……」一言，以與吾友共勉之！

——和九謹識——

袁夢秋　政治經濟學士

人生本來若夢，更不幸而夢於國家多事之秋．外侮殷殷，內鬨年年，山河破碎，同胞流離．雖明知石火單光，終成南柯；然而國家興亡，我儕有責，又焉能抱遊戲人間之態度，把玩江上清風，山間明月，優遊而苟安!?

酣夢未醒，大厦將傾，處此過程，一髮千鈞，惟有致力政治經濟，探索我國病源，檢討國際眞象，以期對症發藥，轉危爲安，力所能及，盡其在我．

▲1934 年，私立武昌中华大学政治经济学系毕业生。

名著選讀　選讀各名家作品，研究其生平及品性。

教育學系

教育概論　講授教育事業之類別及其內容，使明教育對于社會文化之關係。

普通心理學　研究精神現象之內容，及其法則與關係。

教育原理　研究教育之意義、目的、教材、教法、訓練、兒童、教師與學校之職務、功用、及關於其他教育活動之學理。

教育史　研究中西各國歷代教育學說，及實施之沿革，並明瞭其變遷之原因與背景。

教育心理學　研究教學程序、原則及條件，以謀進增學生學習能力與應付能力。

兒童心理學　研究兒童性質及其發育狀態，爲施行教育之基礎。

青春心理學　研究青春期心理現象，及其特質。

社會心理學　研究社會心理現象，及其特質。

遺傳學　研究遺傳上之重要原理原則，及其在教育上之應用。

第二外國語　選習德、法、日、各國文字一種。

學校行政　講授學校行政之原理與實際，以爲將來實地辦學之指針。

學校衛生　研究學校衛生之原則，及其具體實施方法。

教育社會學　講授社會學之基本原理，及其在教育上之應用。

幼稚園教育　講授幼稚園教育之目的及性質，研究幼稚園教育各種重要問題。

小學教育　講授小學教育之目的及性質，研究小學教育各種重要問題。

中等教育　講授中等教育之目的及性質，研究中等教育各種重要問題。

師範教育　研究師範教育之特質，及其實施重要問題。

鄉村教育　研究鄉村教育之本質，及其實際問題。

職業教育　研究職業教育之本質，及其實施方法。

社會教育　研究社會教育之原理及各種社會教育實施法。

課程綱要　三一

▲1932 年，私立武昌中华大学教育学系的教授内容。

▶ 私立武昌中华大学学生前往洪山宝塔旅行

▶ 私立武昌中华大学运动会

▲私立武昌中华大学女子排球队

私立华中大学

一、学校沿革

私立华中大学的前身是1871年美国圣公会在武昌昙华林创办的文华书院。1903年成立大学部。1909年正式升格为文华大学。1910年学校建立湖北高校第一座公共图书馆——文华公书林。1915年，文华大学首次颁授硕士学位。1924年，文华大学与武昌博文书院大学部和汉口博学书院大学部合并，成立私立武昌华中大学。1929年长沙雅礼大学和岳州湖滨大学并入，首次任用华人为校长。1951年合并中原大学教育学院，改为公立华中大学，是今华中师范大学前身之一。

▲ 私立华中大学校门

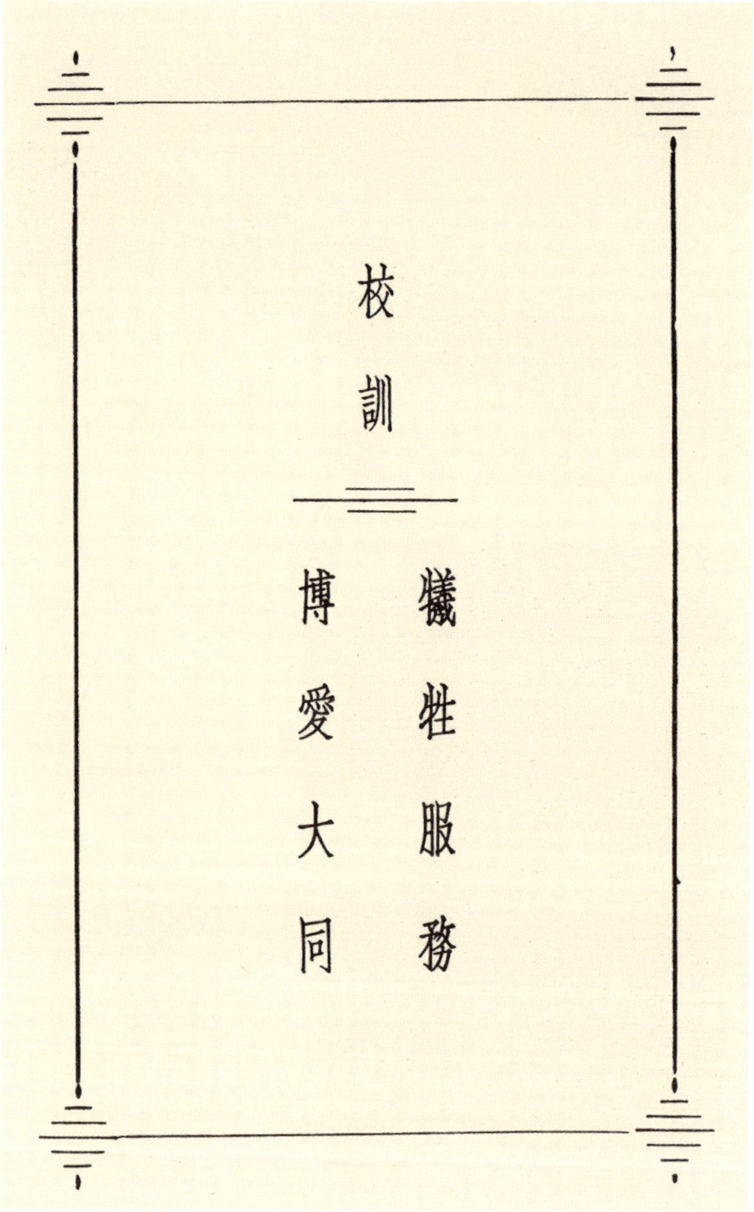
校訓

犧牲服務

博愛大同

▲ 私立华中大学校训

▲ 私立华中大学校歌

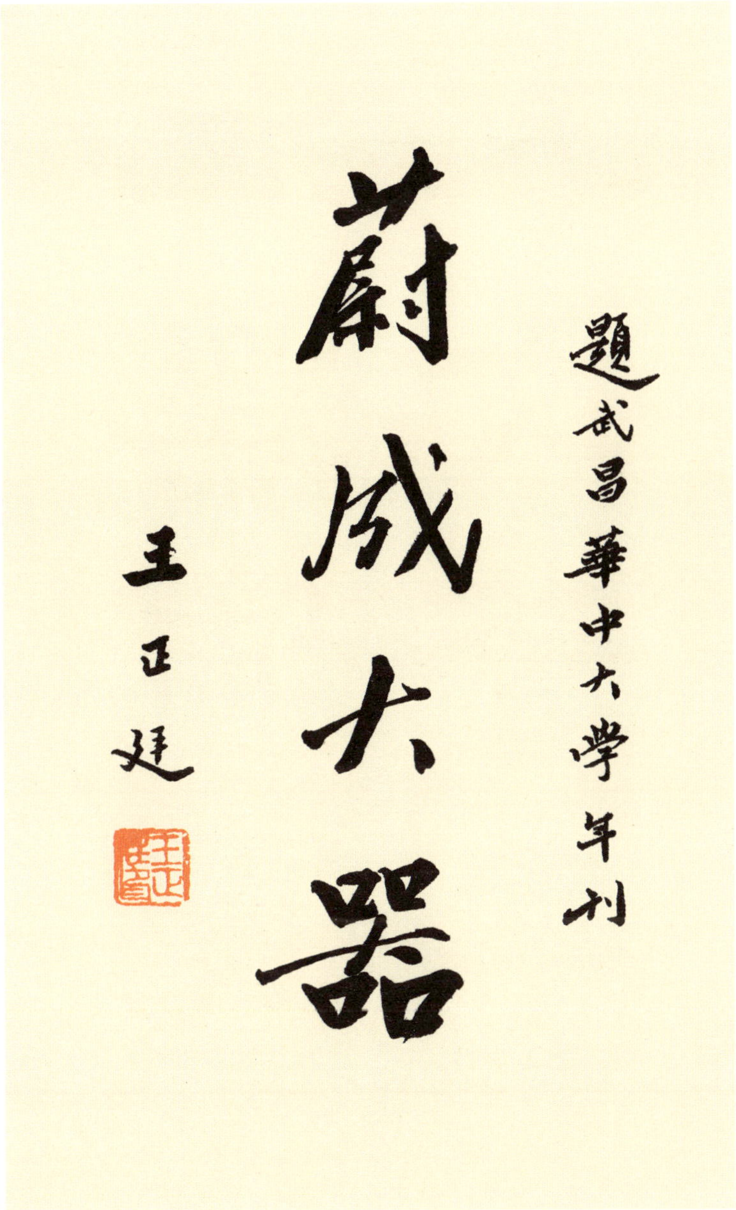
蔚成大器
題武昌華中大學年刊
王正廷

▲外交家王正廷为私立华中大学年刊所写的题词“蔚成大器”。他是中国近代体育的早期领袖之一，被誉为“中国奥运之父”。

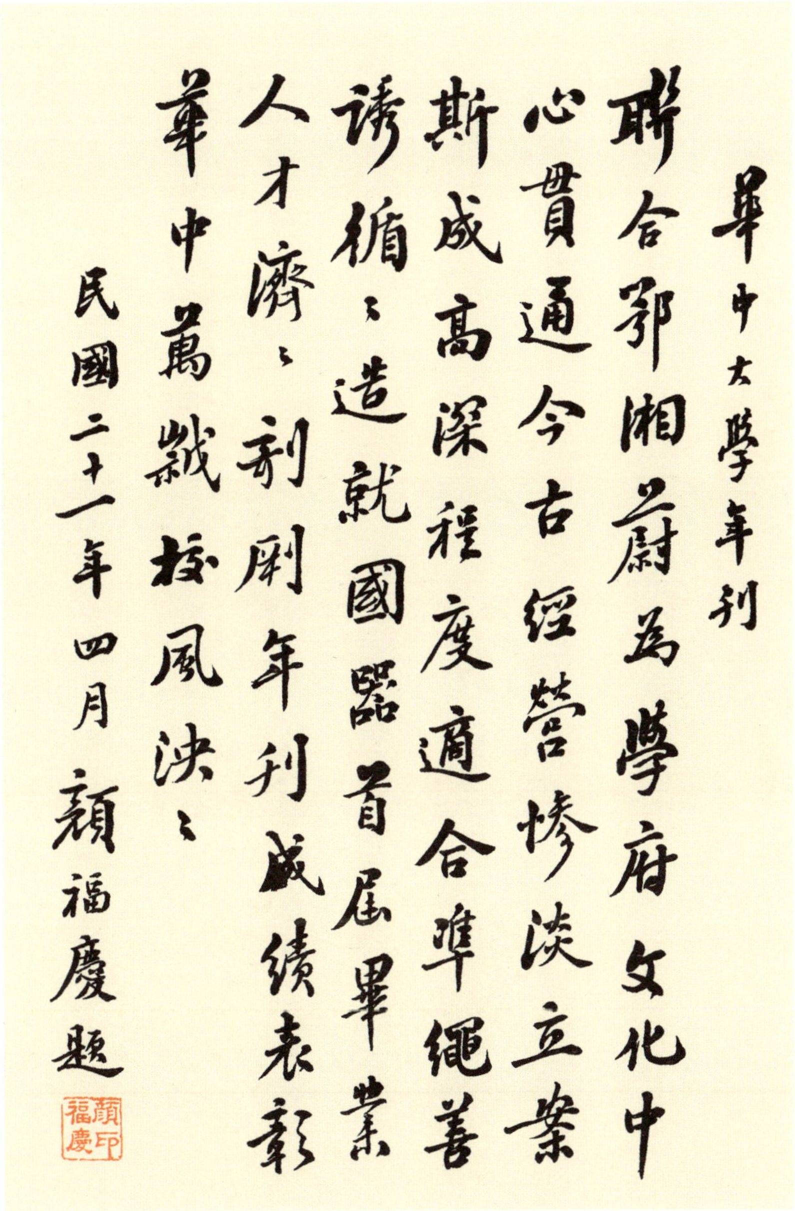
華中大學年刊
聯合鄂湘蔚為學府文化中
心貫通今古經營慘淡立案
斯成高深程度適合準繩善
誘循々造就國器首屆畢業
人才濟々剞劂年刊成績表彰
華中萬歲校風泱々
民國二十一年四月 顏福慶題
顏福慶印

▲1932 年 4 月，中国近代著名医学教育家颜福庆为私立华中大学年刊写的题词“联合鄂湘，蔚为学府；文化中心，贯通今古；经营惨淡，立案斯成；高深程度，适合准绳；善诱循循，造就国器；首届毕业，人才济济；剞（jī）劂（jué）年刊，成绩表彰；华中万岁，校风泱泱”。颜福庆与其兄长颜惠庆（外交家）、颜德庆（铁道专家）并称为“颜氏三杰”。

▲ 中国国际法学家、外交史家、教育家周鲠生为私立华中大学题词“读书不忘救国，作事不忘读书”。周鲠生也是新中国第一部宪法起草的四位顾问之一。

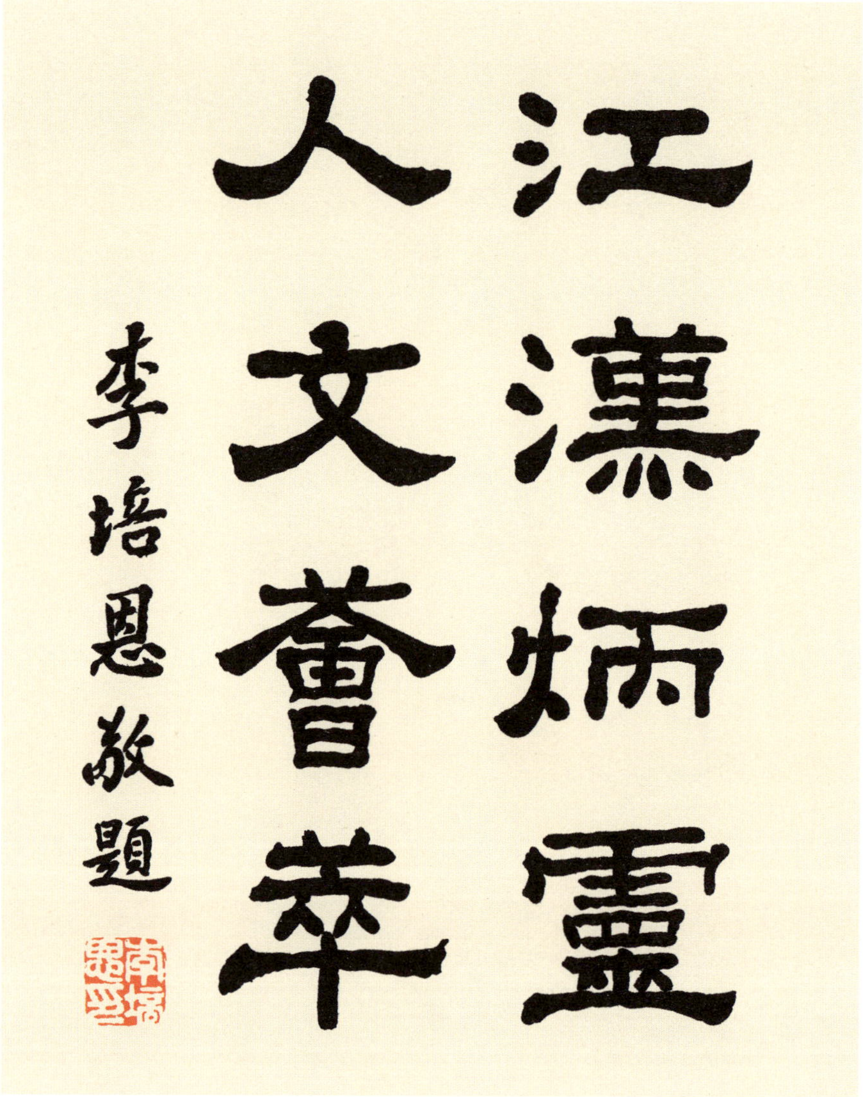

▲ 教育家李培恩为私立华中大学题词“江汉炳灵，人文荟萃”。他担任之江大学校长时采用全英语教学，要求学生作业和考卷全部使用英文，对学生的作业和考卷用英文批改。

▶现代著名教育家、作家杨振声为私立华中大学题词“日就月将，学有缉熙；天道周星，褒然巨帙；悬诸学外，有如举烛；率尔奉辞，引首张目”。杨振声曾任国立青岛大学（今山东大学的前身）校长。

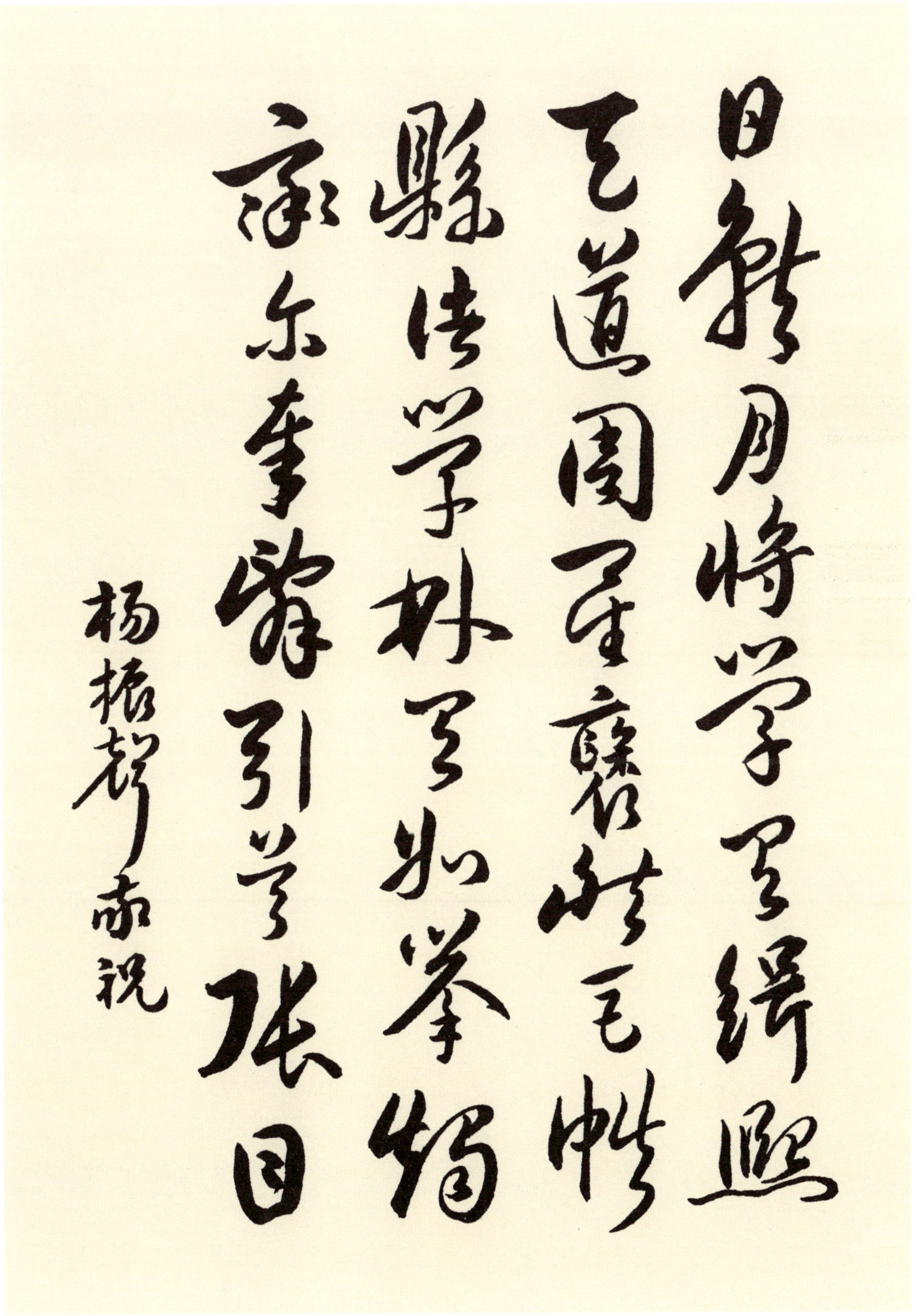

以文會友
余日章題

▲余日章为私立华中大学题词“以文会友”。余日章是中国最早 “红十字会”组织的创立者。

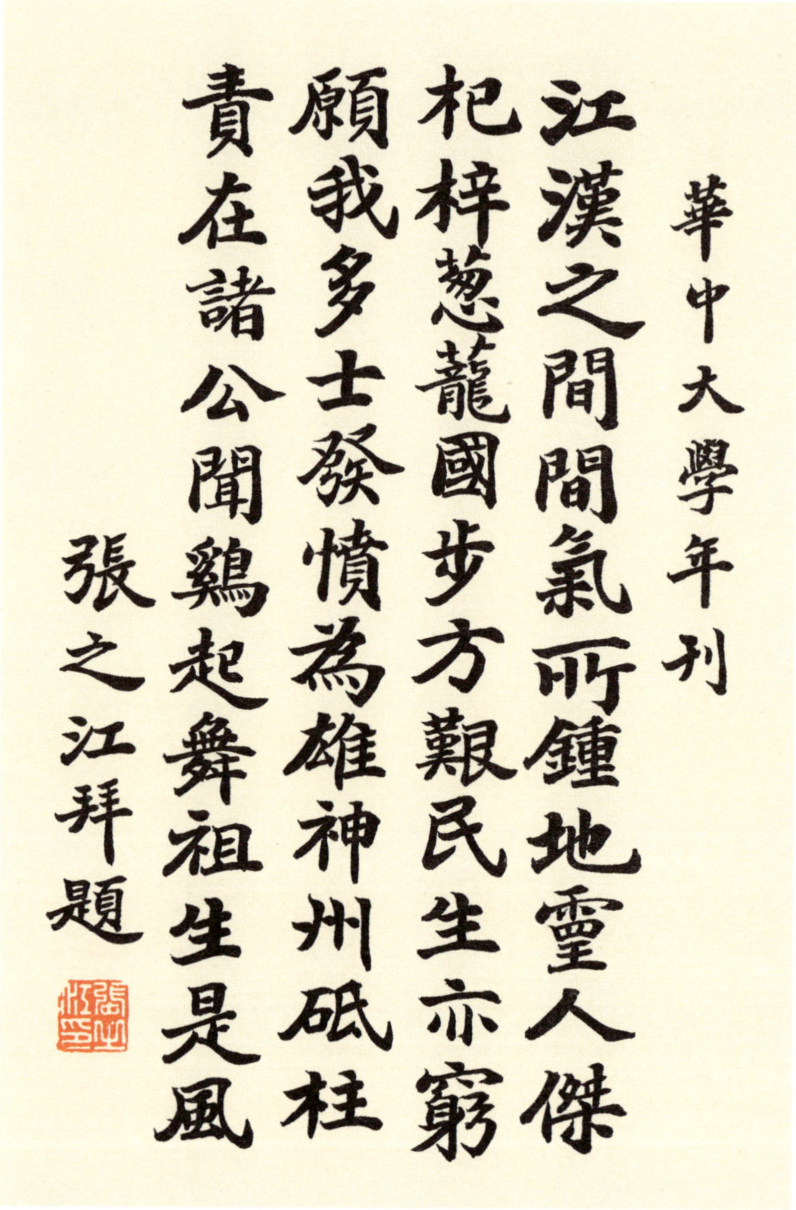
華中大學年刊
江漢之間
間氣所鍾
地靈人傑
杞梓葱蘢
國步方艱
民生亦窮
願我多士
發憤為雄
神州砥柱
責在諸公
聞鷄起舞
祖生是風
張之江拜題

▲爱国将领张之江为私立华中大学年刊写的题词“江汉之间，间气所钟；地灵人杰，杞梓葱茏；国步方艰，民生亦穷；愿我多士，发愤为雄；神州砥柱，责在诸公；闻鸡起舞，祖生是风”。张之江曾任南京国立国术体育师范专科学校校长，中央国术馆馆长，是将中国武术带进奥运会的第一人。新中国成立后曾任第二届全国政协特邀委员。

二、校园风光

▶ 私立华中大学科学馆外景

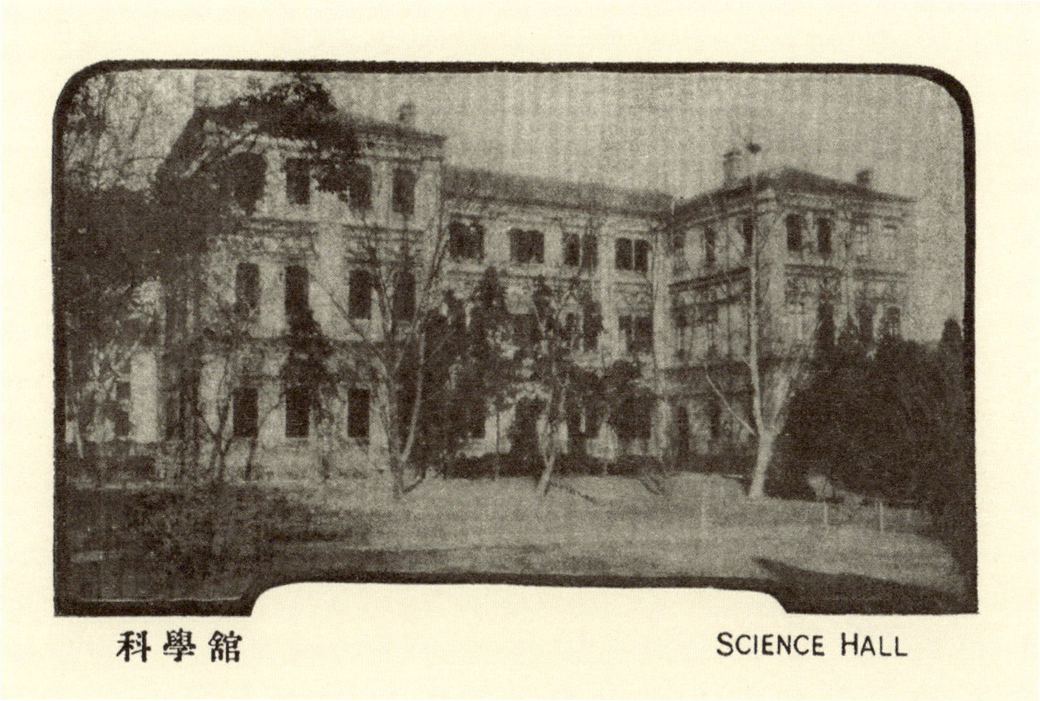

▶ 私立华中大学体育馆外景。私立华中大学翟雅阁体育馆是华中地区首座室内体育馆。

校政廳 ADMINISTRATION BUILDING

◀私立华中大学校政厅外景

校園 COLLEGE GARDEN

◀私立华中大学校园风景

▶ 私立华中大学校长住宅

▶ 私立华中大学图书馆外景。此即 1910 年开放的中国近代第一个真正意义上的公共图书馆——文华公书林。

圖書出納部 CIRCULATION DEPARTMENT

私立华中大学
图书出纳部

大學參考室內景之二 COLLEGE REFERENCE ROME 2

私立华中大学
参考室内景

三、师生剪影

校長兼文學院院長　韋卓民博士
FRANCIS C. M. WEI, *President of the College;*
Dean of the School of Arts; Professor of Philosophy.
B.A., M.A., Boone University; M.A., Harvard; Hon.
D.C.L. Sewanee; Ph. D., London.

▲ 韦卓民（1888—1976）是私立华中大学第一位华人校长，曾任湖北省基督教联合会理事长。

周連寬先生
ANDERSON L. K. CHOW B. A.

周連寬君

連寬君粵籍，天性眞實，待人和藹，寡言笑，重理智，遇事輙再三思索。好讀書，不辭跋踄之勞。與君相處一年，深夜談心，得悉君志氣高大，意志堅強，實社會改革之健者。孟子云:『富貴不能淫，貧賤不能移，威武不能屈』。君其人也。　志道

▲ 周连宽（1905—1998），1931 年就读于私立华中大学社会学系，后成为中山大学资讯管理系教授和创办人之一，是我国著名的图书馆学家、目录学家、档案学家、历史地理学家。

▲私立华中大学全体教职员合影

1932

一九三三級

主席	鮑楚楨君
書記	吳仲賢君
會計	張澤華女士
幹事	黃華康君

◀私立华中大学1933级学生合影。其中吴仲贤后成为我国著名动物遗传学家、教育家，是中国动物数量遗传学科奠基人、中国畜牧兽医学会动物遗传育种学分会名誉理事长，也是中国农业大学动物科技学院教授。

1932

學生自治會

男部自治會

總務部主任	馬盛楷君
衛生部主任	薛繼安君
體育部主任	楊少璋君
音樂部主任	孫　明君
交際部主任	郭保善君
文藝部主任	許宗岳君

女部自治會

會長	許漢芳女士
書記	朱育珍女士
幹事	劉慧芳女士

▶ 私立华中大学学生自治会成员合影。其中许宗岳后成为我国最早从事电离层、水声、超声等研究的专家之一。

四、教学实践活动

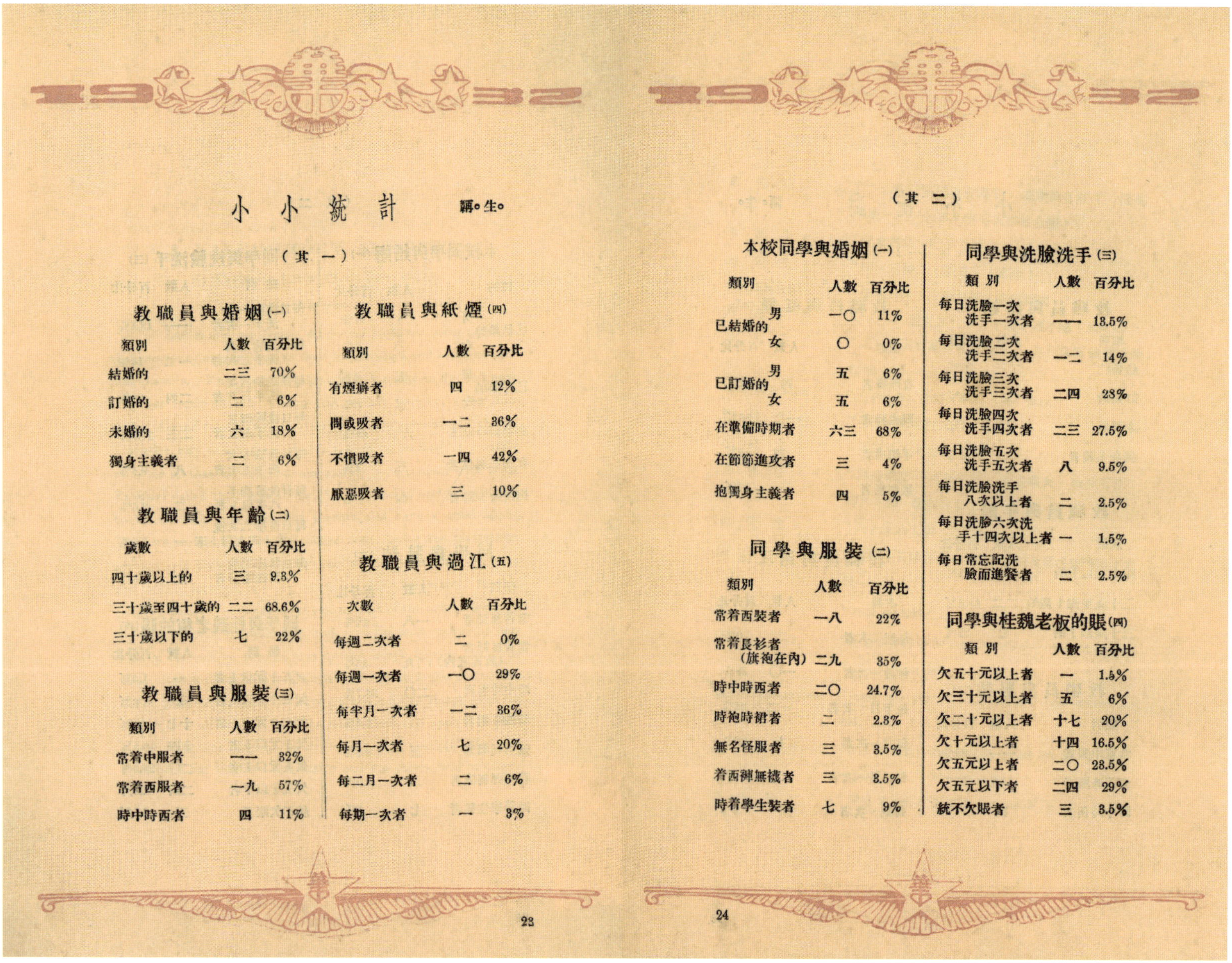

小小統計

謌。生。

（其一）

教職員與婚姻（一）

類別	人數	百分比
結婚的	二三	70%
訂婚的	二	6%
未婚的	六	18%
獨身主義者	二	6%

教職員與年齡（二）

歲數	人數	百分比
四十歲以上的	三	9.3%
三十歲至四十歲的	二二	68.6%
三十歲以下的	七	22%

教職員與服裝（三）

類別	人數	百分比
常着中服者	一一	32%
常着西服者	一九	57%
時中時西者	四	11%

教職員與紙煙（四）

類別	人數	百分比
有煙癖者	四	12%
間或吸者	一二	36%
不慣吸者	一四	42%
厭惡吸者	三	10%

教職員與過江（五）

次數	人數	百分比
每週二次者	二	0%
每週一次者	一〇	29%
每半月一次者	一二	36%
每月一次者	七	20%
每二月一次者	二	6%
每期一次者	一	3%

23

（其二）

本校同學與婚姻（一）

類別		人數	百分比
已結婚的	男	一〇	11%
	女	〇	0%
已訂婚的	男	五	6%
	女	五	6%
在準備時期者		六三	68%
在節節進攻者		三	4%
抱獨身主義者		四	5%

同學與服裝（二）

類別	人數	百分比
常着西裝者	一八	22%
常着長衫者（旗袍在內）	二九	35%
時中時西者	二〇	24.7%
時袍時裙者	二	2.3%
無名怪服者	三	3.5%
着西褲無襪者	三	3.5%
時着學生裝者	七	9%

同學與洗臉洗手（三）

類別	人數	百分比
每日洗臉一次洗手一次者	一一	13.5%
每日洗臉二次洗手二次者	一二	14%
每日洗臉三次洗手三次者	二四	28%
每日洗臉四次洗手四次者	二三	27.5%
每日洗臉五次洗手五次者	八	9.5%
每日洗臉洗手八次以上者	二	2.5%
每日洗臉六次洗手十四次以上者	一	1.5%
每日常忘記洗臉而進餐者	二	2.5%

同學與桂魏老板的賬（四）

類別	人數	百分比
欠五十元以上者	一	1.5%
欠三十元以上者	五	6%
欠二十元以上者	十七	20%
欠十元以上者	十四	16.5%
欠五元以上者	二〇	23.5%
欠五元以下者	二四	29%
統不欠賬者	三	3.5%

24

▲私立华中大学教职员、学生信息统计表

▶1931 年，私立华中大学学生参加长江流域抗洪防疫义务服务。

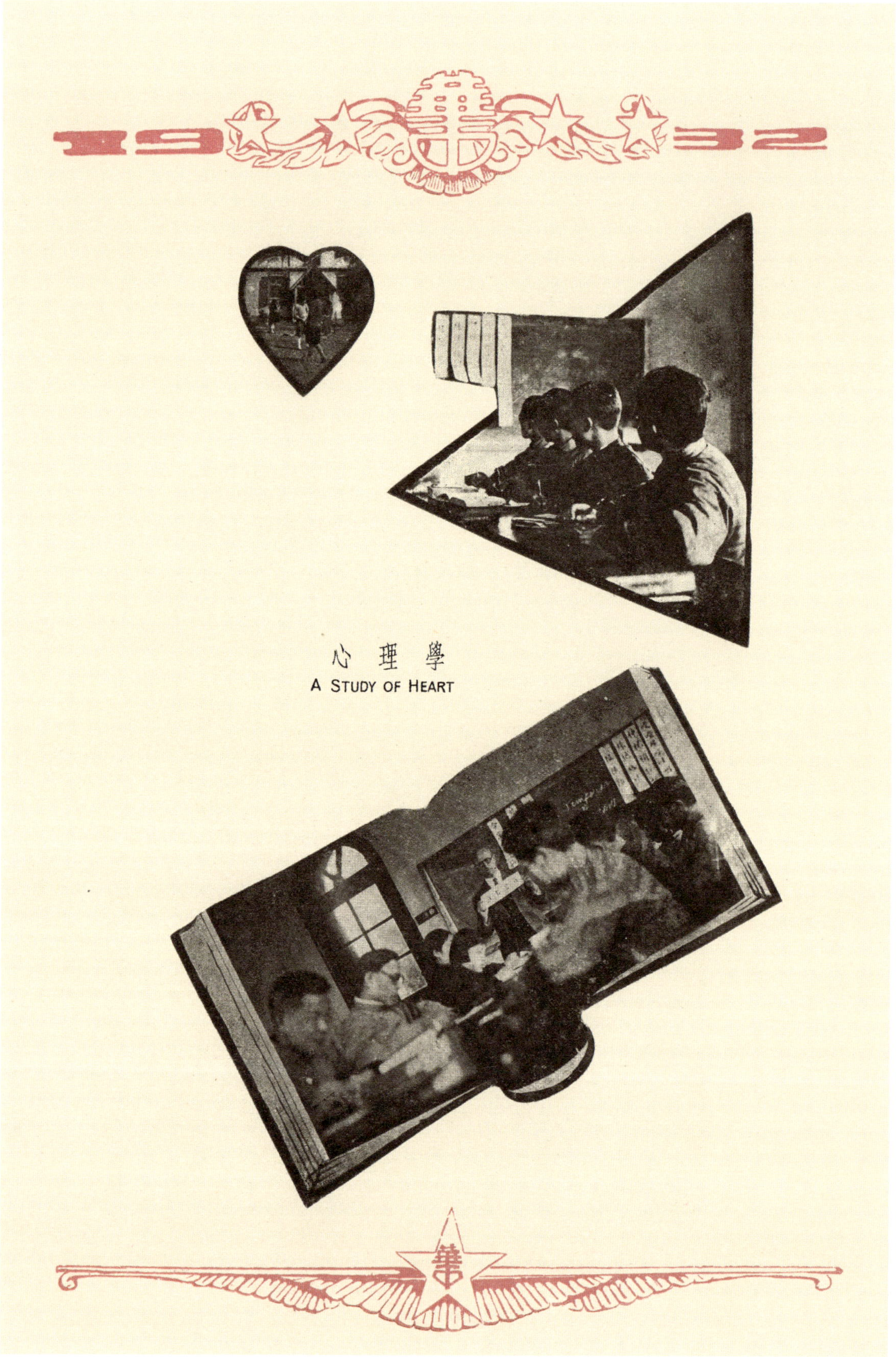

▲私立华中大学心理学课

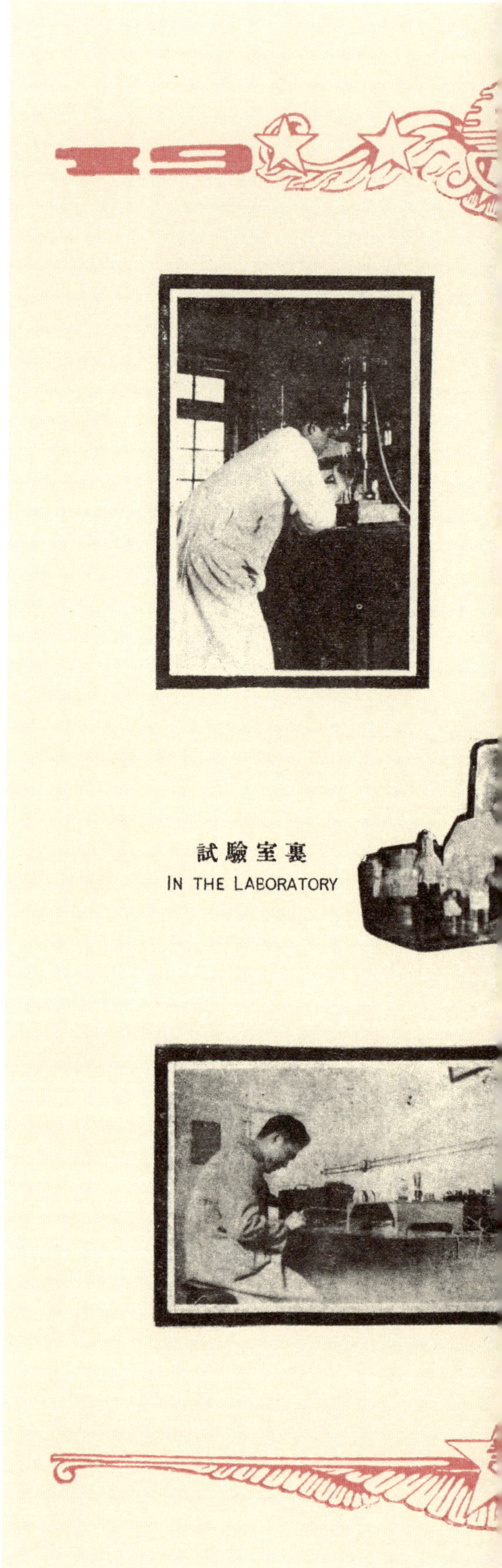

▲私立华中大学实验课

體　育
PHYSICAL EDUCATION

舞蹈
DANCING

立　正　　ATTENTION

▲私立华中大学体育课和舞蹈课

▲私立华中大学铜管乐队。始建于 1909 年的文华大学铜管乐队是华中地区学校中最早组织的铜管乐队。

▲1932 年由私立华中大学创办的校刊——《华中年刊》

▲《华中年刊》编辑人员贴图

◀ 私立华中大学钢琴社团

日帝國主義者逞其九一八之餘威，無端在滬起釁，搶殺我人民，焚燒我房屋，幸我忠勇之十九路將士，孤軍抗日，幾挫矮寇，時吾校同學急欲獲待前綫消息，計藉物理學系無綫電之便，特組一華中臨時無綫電台。由同學龔君主其事，日出數份，師生稱便。服務同學輒深夜不眠，靜候佳音之到來。左影卽該電台全體服務同學，亦卽一時曾極受同學愛戴之諸公也。
志文

◀ 私立华中大学无线电台全体合影

歌 詠 團

指 導 *Director:*	安德勝先生 DAVID F. ANDERSON
主 席 *Chairmen.*	孫 明 君 M. SUN 李裕生君 Y. S. LEE
幹 事 *Managers:*	黃美瑜女士 M. Y. HWANG

▲私立华中大学歌咏社团

私立华中大学学生游湖等课余生活

女子排球隊 GIRL'S VOLLEY BALL TEAM

指導 MRS. H. ANDERSON

隊長 許漢芳女士

幹事 余常愼女士

▲私立华中大学女子排球队

籃球隊　　BASKET BALL TEAM

指導　法樂爾先生

隊長　袁慶武君

幹事　羅裕榮君

▲私立华中大学篮球队

網球隊 TENNIS TEAM

指導 JAMES E. FOWLER

隊長 鄔學彬君

幹事 崔之禮君

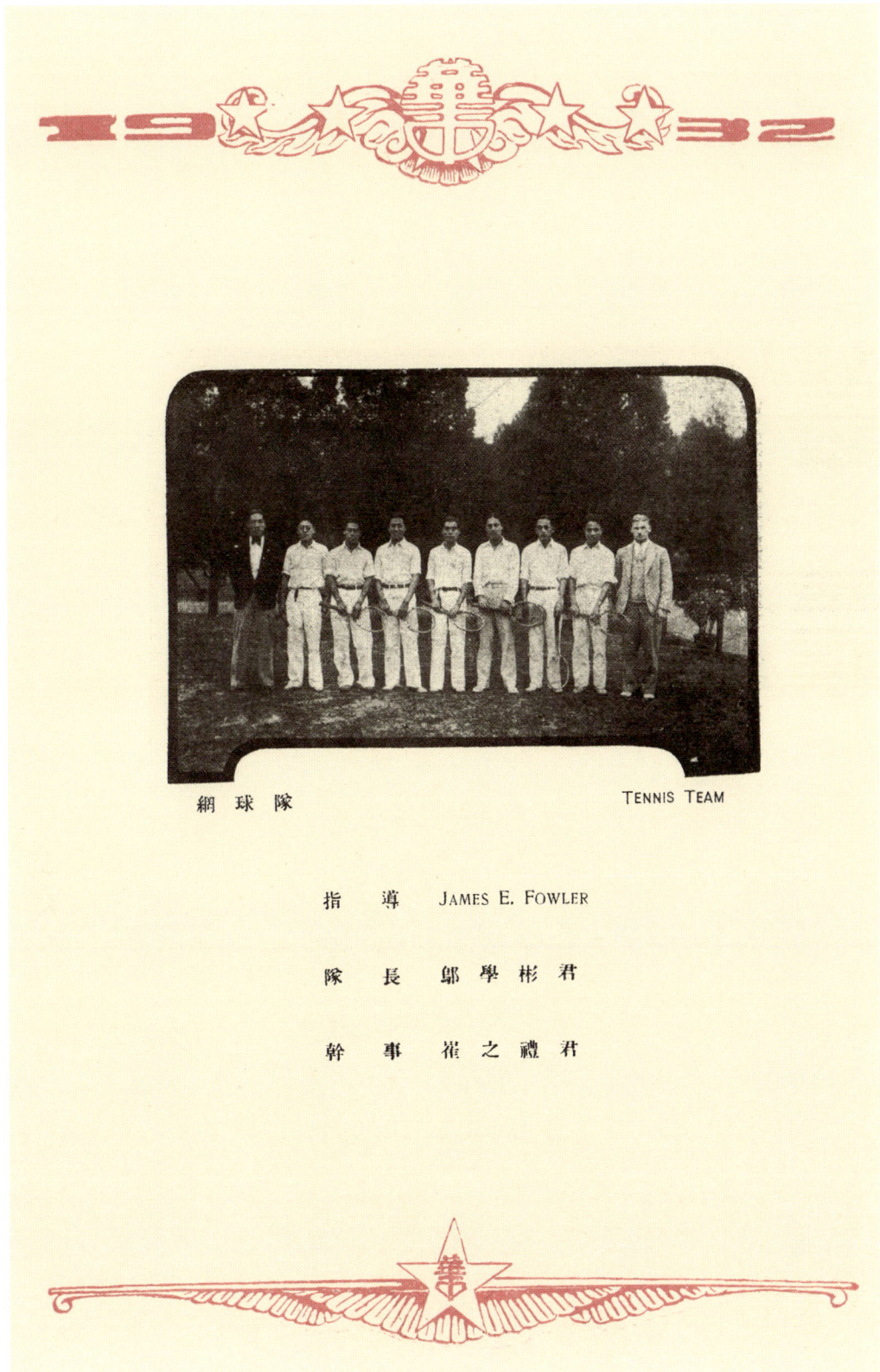

▶ 私立华中大学网球队

1932

足球隊　　FOOT-BALL TEAM

指導　JAMES E. FOWLER

隊長　楊少璋君

幹事　羅裕榮君

◀私立华中大学足球队

私立武昌艺术专科学校

一、学校沿革

私立武昌艺术专科学校前身是1920年蒋兰圃等人在武昌芝麻岭创办的武昌美术学校，初设中等部和函授部。1923年开办专门部，改名武昌美术专门学校。1926年迁校武昌水陆街。1928年增设音乐科。1930年正式更名为私立武昌艺术专科学校，是中国最早的高等美术学校之一。1938年校舍被日本侵略军飞机炸毁，学校西迁四川江津。抗战胜利后迁汉口府东五路（今前进五路）租宁波会馆继续办学。解放初，成为中原大学文艺学院，后曾改名湖北艺术学院，是今湖北美术学院和武汉音乐学院前身。

本 校 大 門 全 景

▶ 武昌美术专门学校校门

▲ 私立武昌艺术专科学校校歌

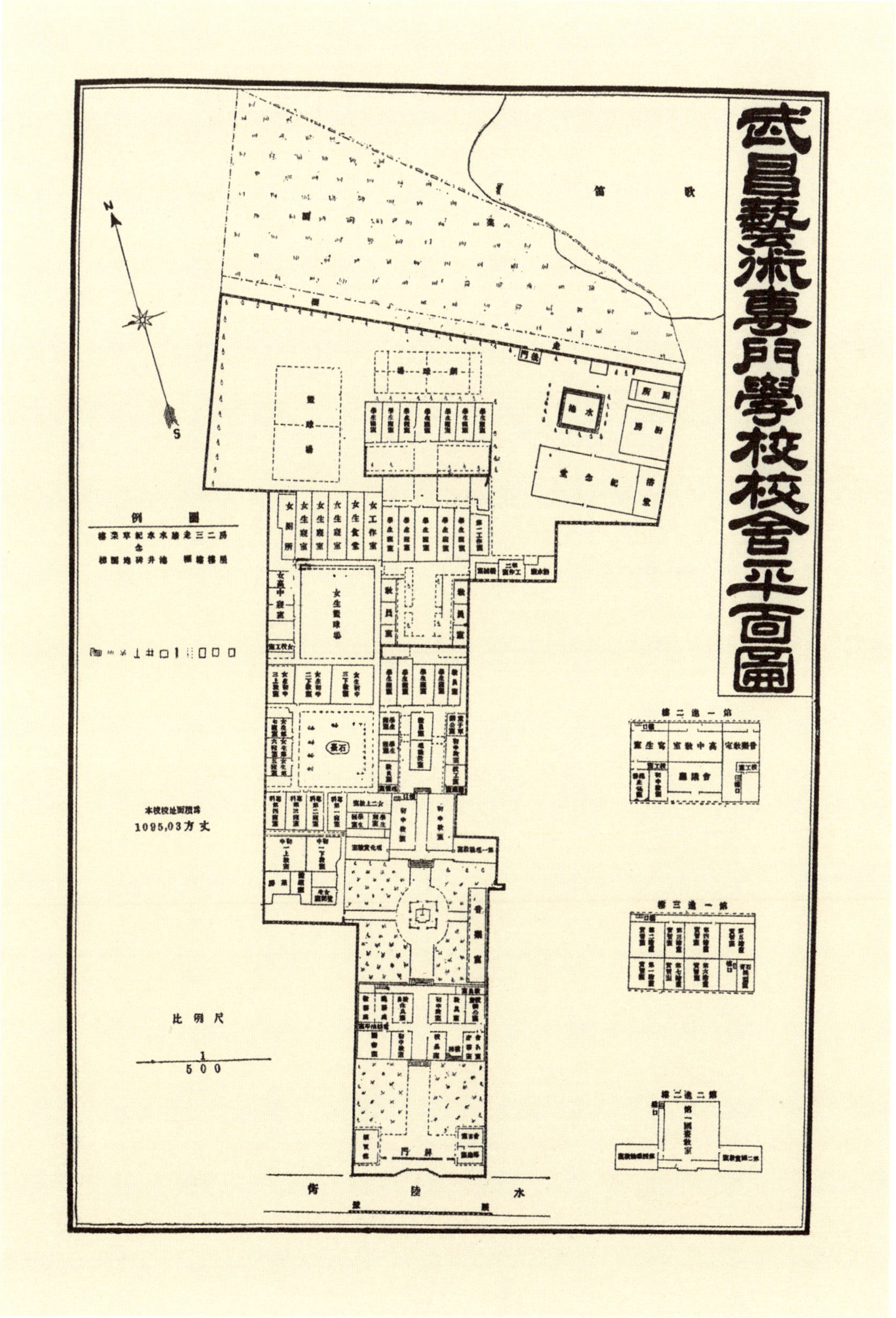

▶ 武昌艺术专门学校校舍平面图

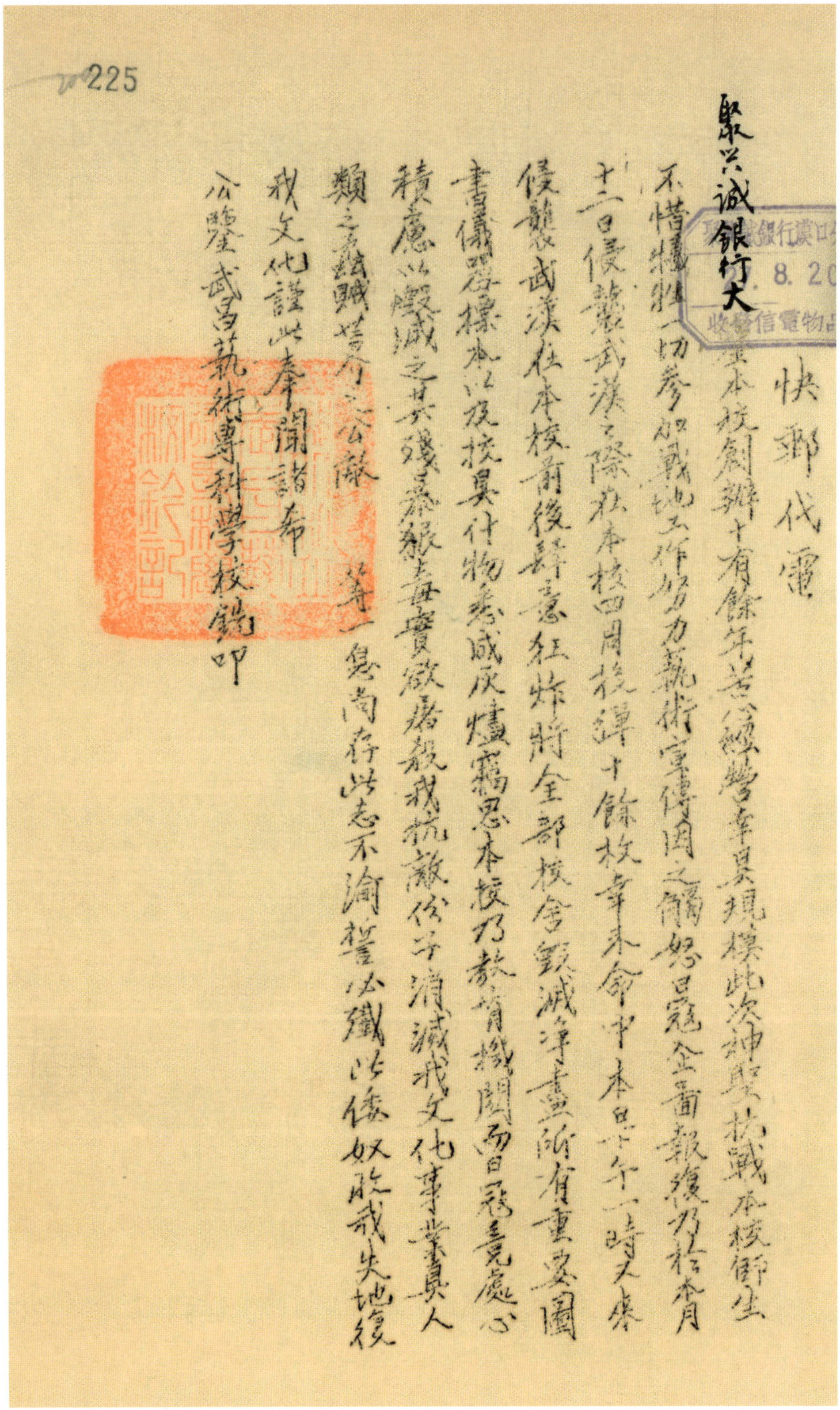

225

聚兴诚银行大

快郵代電

查本校創辦十有餘年若以經營事業規模此次神聖抗戰本校師生不惜犧牲一切參加戰地工作努力藝術宣傳因之觸怒日寇企圖報復乃於本月十二日侵襲武漢之際於本校四周投彈十餘枚幸未命中本日下午一時又來侵襲武漢在本校前後肆意狂炸將全部校舍毁滅淨盡所有重要圖書儀器標本以及校具什物悉成灰燼竊思本校乃教育機關而日寇竟處心積慮以毁滅之其殘暴無理無實欲屠殺我抗敵份子消滅我文化事業真人類之蟊賊莫此為甚本校一息尚存此志不渝誓必殲此倭奴收我失地復我文化謹此奉聞諸希

公鑒 武昌藝術專科學校銘叩

◀关于 1938 年私立武昌艺术专科学校校舍被日军飞机炸毁的电文

二、校园风光

▲ 武昌美术专门学校前楼

▲ 武昌美术专门学校成立纪念碑

▲私立武昌艺术专科学校图书室

三、师生剪影

私立武昌艺术专科学校部分校董留影

◀ 武昌美术专门学校校长、私立武昌艺术专科学校董事长蒋兰圃（1880—1958）是我国著名艺术教育家，曾参加辛亥革命武昌起义。

▲ 武昌美术专门学校校董闻一多是我国著名的诗人、学者，代表作有《红烛》《死水》《七子之歌》。

◀ 私立武昌艺术专科学校校长唐义精（1892—1944）是我国近代美术教育家、画家

◀ 私立武昌艺术专科学校聘请的提琴教师

本屆藝術師範科畢業同學全體合影

▲1932 年，私立武昌艺术专科学校艺术师范科第九班全体毕业生合影。

本屆專科繪畫系藝教系畢業同學全體合影

▲1932 年，私立武昌艺术专科学校绘画、艺教系毕业学生合影。

四、教学实践活动

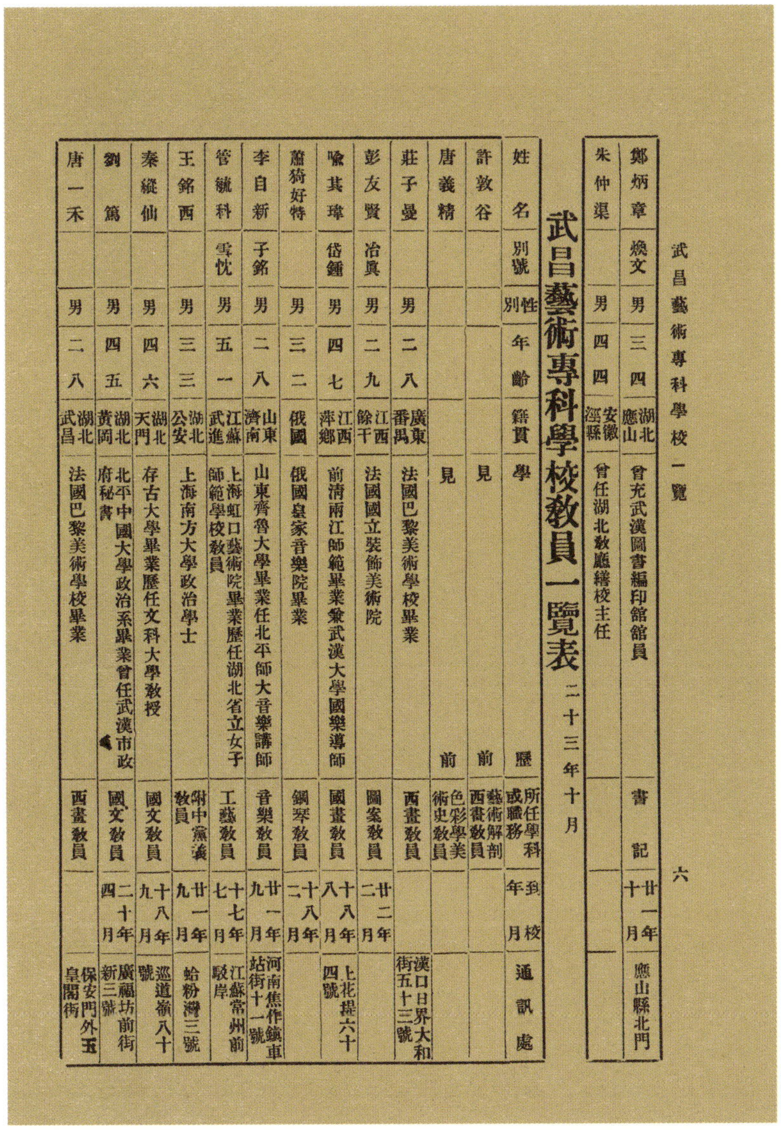

武昌藝術專科學校一覽

鄭炳章	煥文	男	三四	湖北應山	曾充武漢圖書編印館館員	書記	廿一年十月	應山縣北門
朱仲渠		男	四四	安徽涇縣	曾任湖北教廳轄校主任			

武昌藝術專科學校教員一覽表

二十三年十月

姓名	別號	性別	年齡	籍貫	學歷	所任學科或職務	到校年月	通訊處
許敦谷					見前	藝術解剖西畫教員		
唐義精					見前	色彩學美術史教員		
莊子曼		男	二八	廣東番禺	法國巴黎美術學校畢業	西畫教員		漢口日界大和街五十三號
彭友賢	冶眞	男	二九	江西餘干	法國國立裝飾美術院	圖案教員	廿二年二月	
喻其璋	岱鍾	男	四七	江西萍鄉	前清兩江師範畢業兼武漢大學國樂導師	國畫教員	十八年八月	上花堤六十四號
蕭猗好特		男	三二	俄國	俄國皇家音樂院畢業	鋼琴教員	十八年二月	
李自新	子銘	男	二八	山東濟南	山東齊魯大學畢業任北平師大音樂講師	音樂教員	廿一年九月	河南焦作鎮車站街十一號
管毓科	雪忱	男	五一	江蘇武進	上海虹口藝術院畢業歷任湖北省立女子師範學校教員	工藝教員	十七年七月	江蘇常州前駁岸
王銘西		男	三三	湖北公安	上海南方大學政治學士	附中黨義教員	廿一年九月	蛤粉灣三號
秦縱仙		男	四六	湖北天門	存古大學畢業歷任文科大學教授	國文教員	十八年九月	巡道嶺八十號
劉篤		男	四五	湖北黃岡	北平中國大學政治系畢業曾任武漢市政府秘書	國文教員	二十年四月	廣福坊前街新三號
唐一禾		男	二八	湖北武昌	法國巴黎美術學校畢業	西畫教員		保安門外玉皇閣街

六

▲ 私立武昌艺术专科学校部分教员学历、所任学科、通讯地址等信息一览表

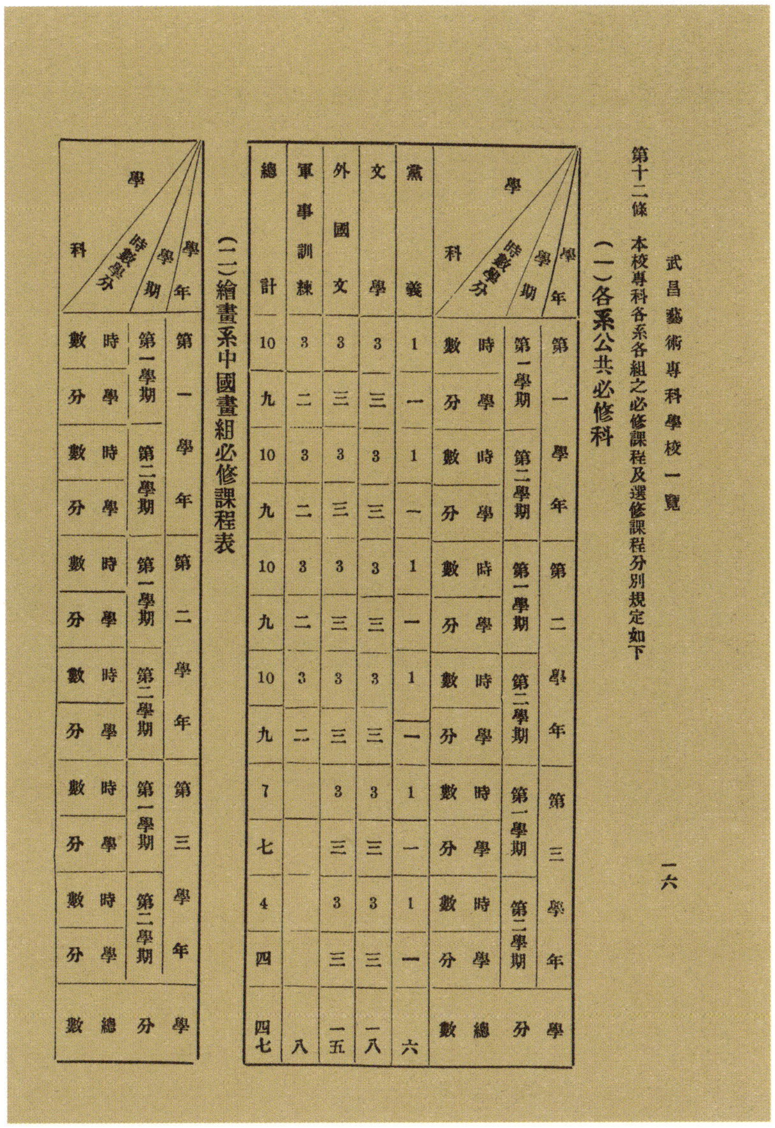

武昌藝術專科學校一覽

第十二條　本校專科各系各組之必修課程及選修課程分別規定如下

(一)各系公共必修科

學科	第一學年第一學期時數	第一學年第一學期學分	第一學年第二學期時數	第一學年第二學期學分	第二學年第一學期時數	第二學年第一學期學分	第二學年第二學期時數	第二學年第二學期學分	第三學年第一學期時數	第三學年第一學期學分	第三學年第二學期時數	第三學年第二學期學分	學分總數
黨義	1	一	1	一	1	一	1	一	1	一	1	一	六
文學	3	三	3	三	3	三	3	三	3	三	3	三	一八
外國文	3	三	3	三	3	三	3	三	3	三	3	三	一五
軍事訓練	3	二	3	二	3	二	3	二					八
總計	10	九	10	九	10	九	10	九	7	七	4	四	四七

(二)繪畫系中國畫組必修課程表

學科	第一學年第一學期時數	第一學年第一學期學分	第一學年第二學期時數	第一學年第二學期學分	第二學年第一學期時數	第二學年第一學期學分	第二學年第二學期時數	第二學年第二學期學分	第三學年第一學期時數	第三學年第一學期學分	第三學年第二學期時數	第三學年第二學期學分	學分總數

一六

▲ 私立武昌艺术专科学校各系公共必修课表，含必修科目名称、学时、学分等信息。

癸・附則　詢問投考事件或索詳細學則可逕向武昌水陸街武昌藝術專科學校招生委員會並附郵票貳分

費別 ＼ 部別 組科別	專科部本科 繪畫組	專科部本科 藝術教育組 圖音科	專科部本科 藝術教育組 圖工科	專科部本科 圖案組	高中 藝術師範科 圖音	高中 藝術師範科 圖工	初中部
學費	26	30	26	26	28	24	12
雜費	6	3	3	6	3	3	2
講義費	2	2	2	2	2	2	
體育費	1	1	1	1	1	1	1
圖書費	1	1	1	1	1	1	1
學藝會費	1	1	1	1	1	1	1
損失費	1	1	1	1	1	1	1
材料費	2		5	2		5	
琴費		12			6		
制服費	男3 女2	男3 女2	男3 女2	男3 女2	男3 女2	男3 女2	男3 女2
寄宿生雜費	6	6	6	6	6	6	6
膳費	36	36	36	36	36	36	36
共計 走讀生	43	54	43	43	46	41	21
共計 寄宿生	85	96	85	85	88	83	63

注意

1・上列各費須按表於入學時一次繳清

2・中途退學者所繳各費概不退還

3・膳費自開學之日起算至散學之前一日為止中途不得請求停止

4・共計數內女生各得少繳一元

◀私立武昌艺术专科学校交费表。初中部、高中部和专科部收费标准不同，不同的学科收费也不相同。

教育部立案 私立武昌藝術專科學校招考男女新生簡章

中華民國二十三年七月改訂

甲・學級

一・專科

A繪畫組　一上新生一班

B藝術教育組圖工科 圖音科　一上新生一班　一下編級生

C圖案組　一上新生一班

二・中學

1高中藝術師範科圖工組 圖音組　一上新生一班　一下　二上　二下　各級編級生十名

2初中部　一上新生一班　一下　二上　二下　各級編級生

3女生部

A高中藝術師範科圖工組 圖音組　一上新生一班　一下　二上　二下　各級編級生

B初中　一上新生一班　一下　二上　二下　各級編級生

乙・資格

一・凡投考專科各組者須具下列資格

1高級中學畢業

二・凡投考高中藝師科者須具下列資格

1初級中學畢業

三・凡投考初中者須具下列資格

1完全小學畢業

四・各部各科組編級生須具有相當程度

丙・報名手續凡志願投考之男女學生須來本校履行下列手續

一・新生報名時應在報名處塡寫報名表並繳納畢業証書或修業證明書（僅由私人或機關證明資格者無效）

二・繳納最近二寸半身相片同樣二張

三・繳納報名費專科各組及高中納洋二元初中納洋一元

四・凡在本學期畢業而未領到證書者必須有該生原畢業學校之正式證明書

五・投考編級者除履行第一　二　三項手續外應繳原校歷年成績表

六・上列各項應繳各件須於報名時即行呈繳所有請來補繳等情概不通融

七・報名時所塡註姓名年齡籍貫考取入校不得請求更正

八・已繳之報名費及相片錄取與否概不退還

丁・報名日期及地址自　月　日起至　月　日止在武昌水陸街本校報名

戊・考期及詳細時間表另訂臨時通知

己・考試科目

一・新生

1專科各組

A初試　黨義　國文　英文　自然　歷史

▲1934 年，私立武昌艺术专科学校招生简章。

私立武昌藝術專科學校學則

二十三年七月訂

第一章　定名

第一條　本校遵照　國民政府十八年七月公佈私立專科學校組織法組織之並依照同法第三條之規定呈准　教育部立案定名爲私立武昌藝術專科學校（英文名：Wu Chang College of Fine Arts）（法文名：Ecale speciale des Beaux—Arts. a Ou Tchang）

第二章　宗旨

第二條　本校遵照　中華民國教育宗旨以培養藝術專門人才造就實施藝術教育師資爲宗旨

第三條　本校爲培養學生基本知能適應社會需要及升學起見特設附屬中學其學則另訂之

第三章　學制

第四條　本校專科分設繪畫系藝術教育系圖案系音樂系雕塑系

第五條　本校繪畫系分中國畫西洋畫二組藝術教育系分圖音圖工二組其餘各系不分組

第六條　本校各系修業年限均爲三年

第七條　本校各系採用學分兼學年制

第四章　研究所

第八條　本校專科學生畢業或同等程度之藝術學校畢業者得入本所爲研究生

第九條　本校研究所暫分中國畫西洋畫二部

第十條　研究所不定修業期限

第十一條　本校研究所章程另訂之

第五章　課程

武昌藝術專科學校一覽　一五

1934 年，私立武昌艺术专科学校学则。

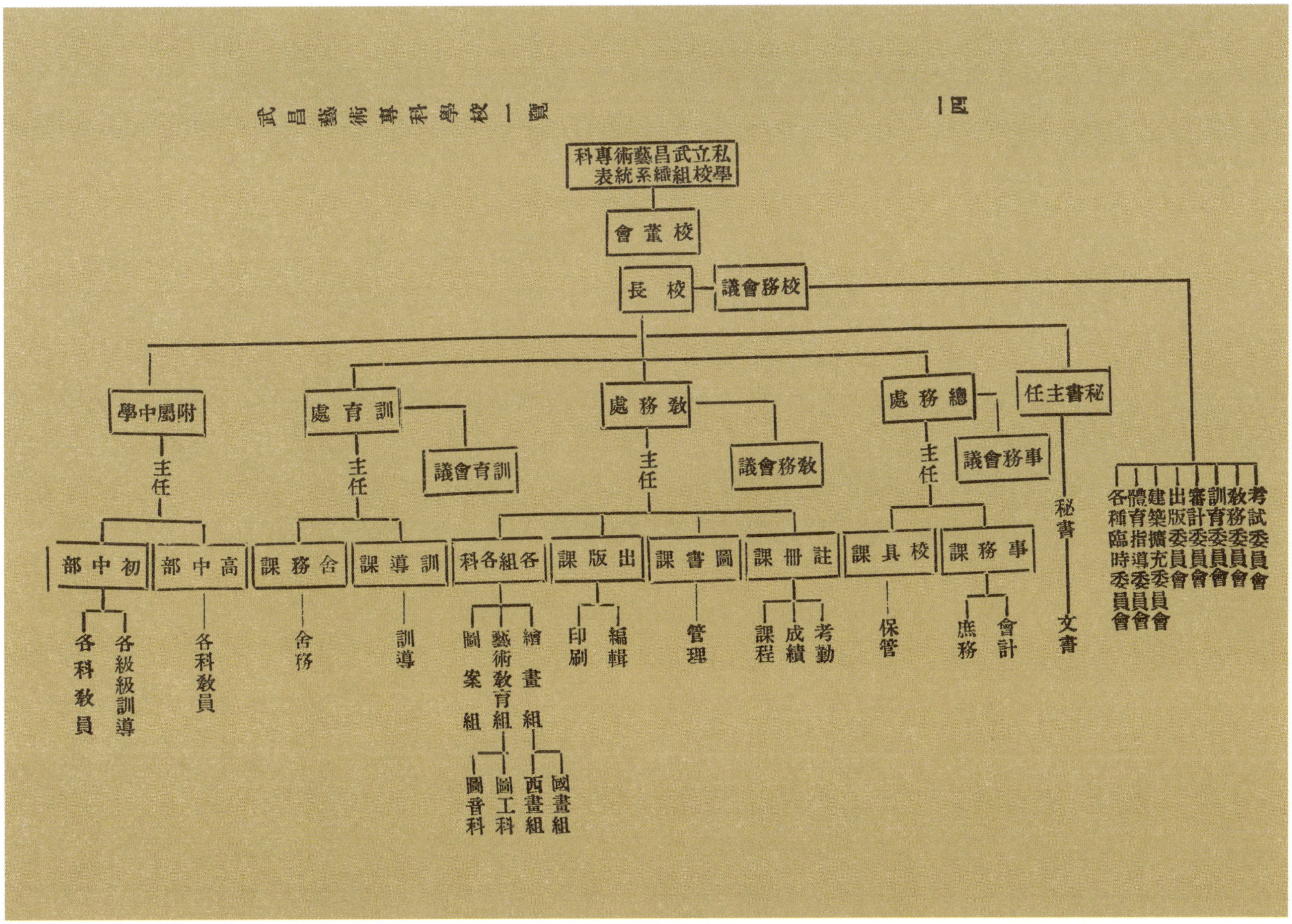

▲私立武昌艺术专科学校管理组织系统表

西畫實習之二（石膏）

◀ 武昌美术专门学校学生素描课

本校石膏模型之一部

◀ 武昌美术专门学校石膏模型

▲ 武昌美术专门学校学生国画课

▲ 武昌美术专门学校学生翻模留影

1930 年，私立武昌艺术专科学校开始在武汉、上海等地寻聘人体模特进行西画教学。图为 1934 年西画人体写生课堂。

私立武昌艺术专科学校国画室

▲私立武昌艺术专科学校藤工室

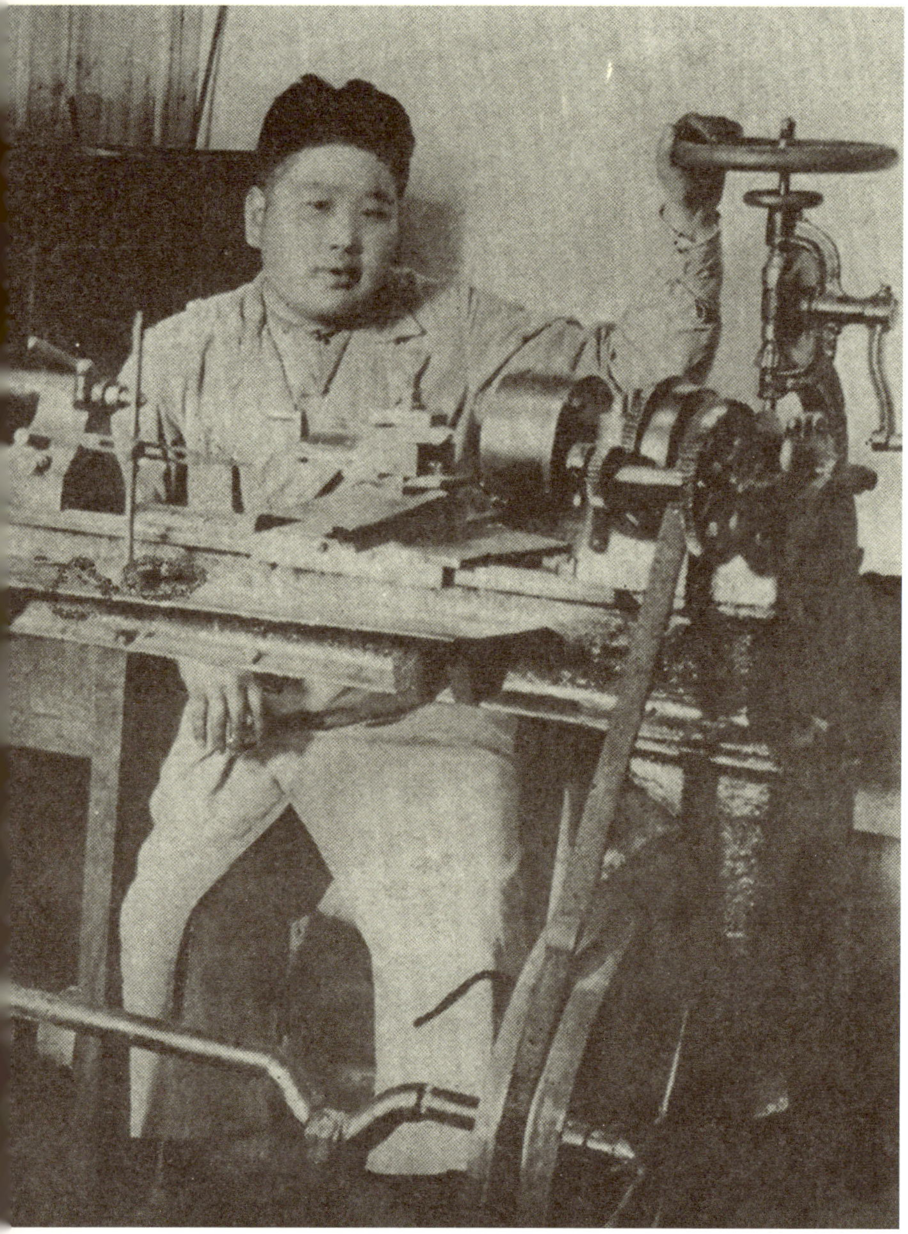

▲私立武昌艺术专科学校金工室

▲私立武昌艺术专科学校劳作室

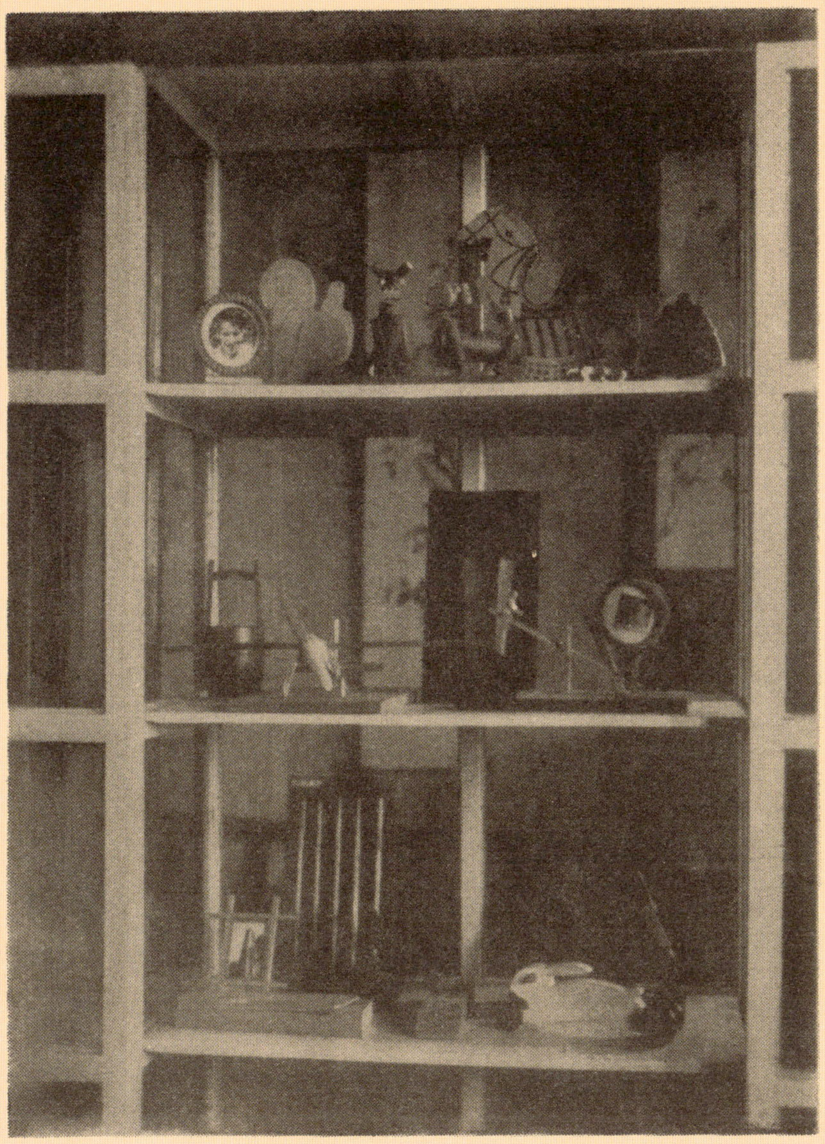

學生手工成績

▶ 私立武昌艺术专科学校学生手工作品

▲ 私立武昌艺术专科学校创始人蒋兰圃画像，由学校西洋画系主任唐一禾作。

▲ 私立武昌艺术专科学校董事长蒋兰圃油画作品。他是华中地区画油画第一人。

左图 私立武昌艺术专科学校教员王霞宙作品。新中国成立后，他历任华中师范学院、湖北艺术学院副教授，中国美术家协会武汉分会副主席，湖北省文联委员，第三届湖北省政协委员。与张肇铭、张振铎并称为湖北“三老”画家。

中图 私立武昌艺术专科学校校长张肇铭作品。新中国成立后，他历任中国美术家协会武汉分会（湖北省美术家协会前身）第一、二任主席，中国美术家协会理事,中南美术专科学校教授，湖北省文联副主席。

右图 私立武昌艺术专科学校毕业学生钟道泉作品。新中国成立后，他任四川省文联国画组组长，在美术界享有“西南地区国画宗师”之誉。

◀1938 年，私立武昌艺术专科学校教师唐一禾的抗日宣传画《还我河山》。

▲ 私立武昌艺术专科学校捐助东北义勇军书画展览会

▲ 私立武昌艺术专科学校捐助东北义勇军音乐演奏会

國樂研究會

▲私立武昌艺术专科学校国乐研究会

▲女生救护队

二、校园风光

▲ 文华公书林是湖北暨武汉第一个公共图书馆，文华大学图书科创办于此。

▼ 扩建后的文华公书林

三、师生剪影

▲[美]韦棣华（1861—1931）女士，文华公书林的创办人，湖北地区图书馆学教育创始人，曾在文华大学、国立武昌高等师范学校、湖北外国语专门学校等武汉多所高校兼教职。

▲武昌文华图书馆学专科学校的创始人沈祖荣（1883—1977），被称为“中国图书馆学教育之父”。

文华大学学生在文华公书林阅览

1934 年，武昌文华图书馆学专科学校师生合影。

四、教学实践活动

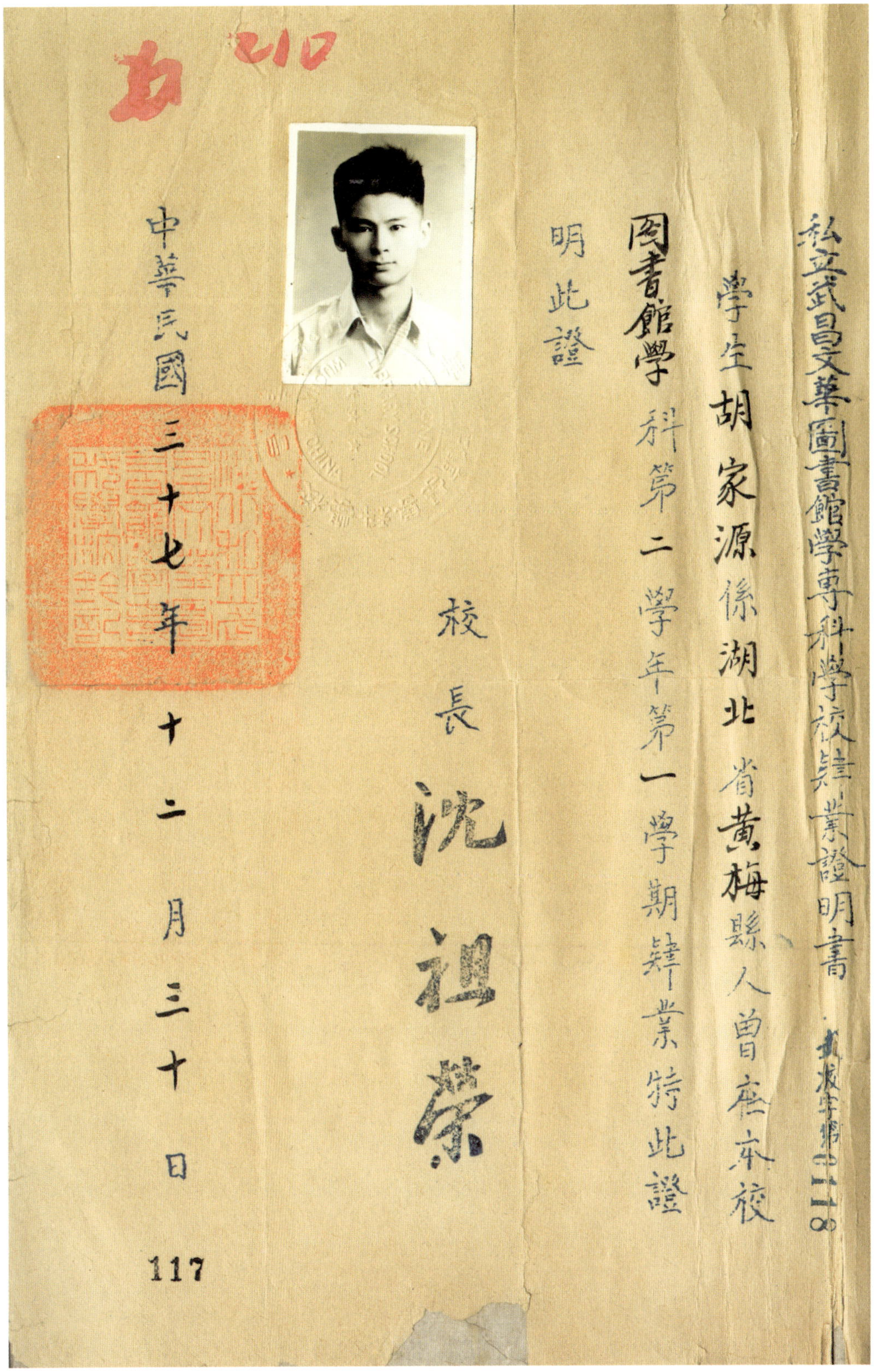
私立武昌文華圖書館學專科學校肄業證明書 武文字第0118

學生胡家源係湖北省黃梅縣人曾在本校
圖書館學科第二學年第一學期肄業特此證
明此證

校長 沈祖榮

中華民國三十七年十二月三十日

117

▶1948 年，武昌文华图书馆学专科学校学历证明书。

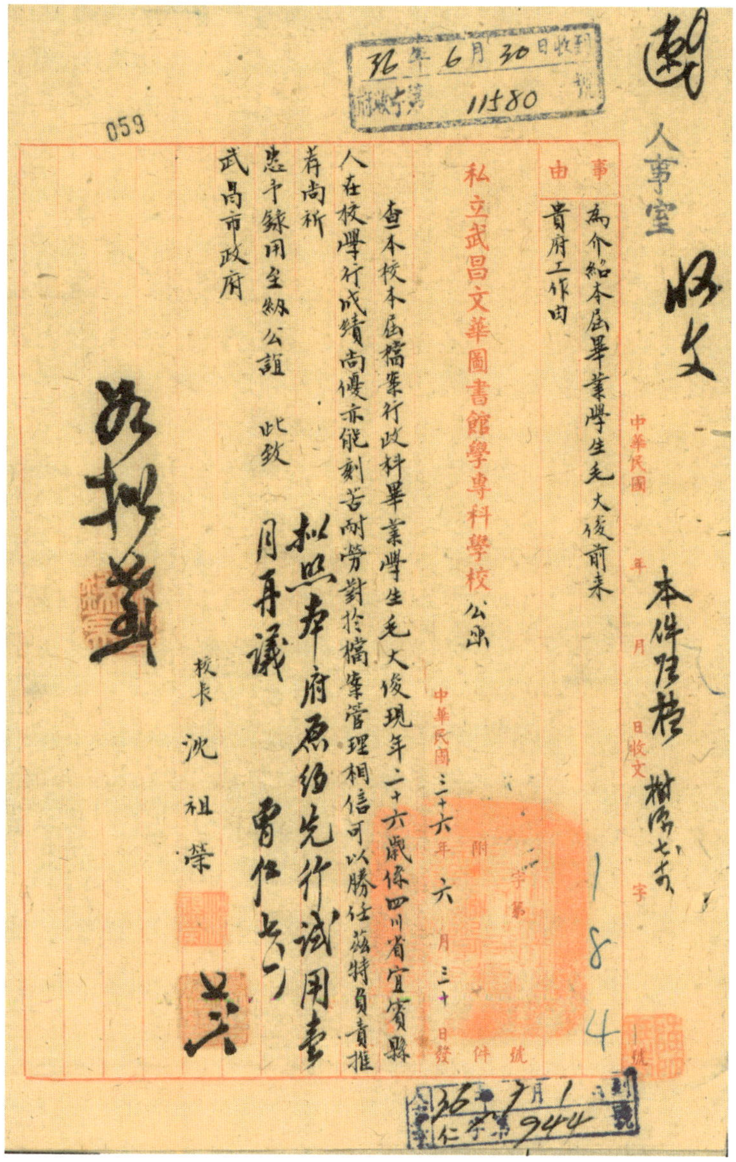

事由：為介紹本屆畢業學生毛大俊前來貴府工作由

私立武昌文華圖書館學專科學校公函

查本校本屆檔案行政科畢業學生毛大俊現年二十六歲係四川省宜賓縣人在校學行成績尚優亦能刻苦耐勞對於檔案管理頗有信心可以勝任茲特負責推荐尚祈惠予錄用至紉公誼 此致

武昌市政府

校長 沈祖榮

中華民國三十六年六月三十日發

▲1947 年 6 月 30 日，武昌文华图书馆学专科学校关于推荐当年毕业生到武昌市政府工作的公函。

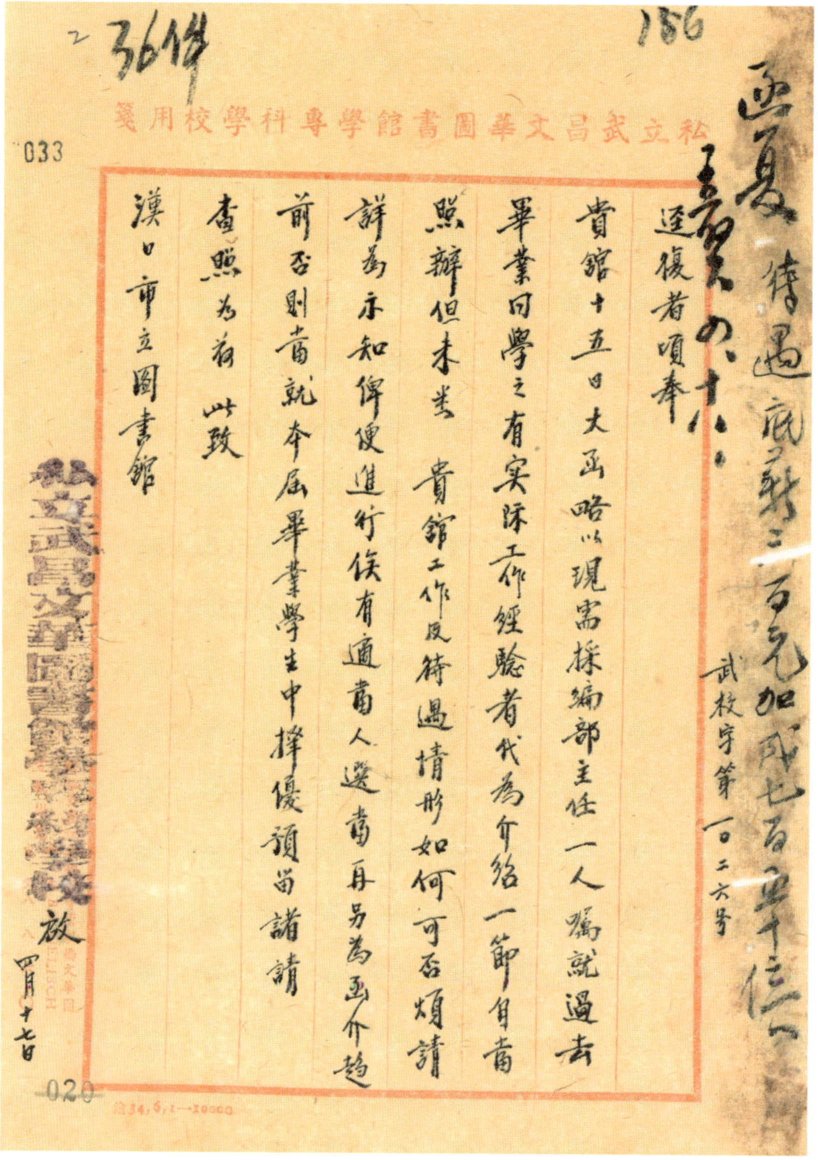

私立武昌文華圖書館學專科學校用箋

逕復者頃奉

貴館十五日大函略以現需採編部主任一人囑就過去畢業同學之有實際工作經驗者代為介紹一節自當照辦但未悉貴館工作及待遇情形如何可否煩請詳為示知俾便進行俟有適當人選當再另為函介趋前否則當就本屆畢業學生中擇優頒留諸請查照為荷 此致

漢口市立圖書館

四月十七日

▲1948 年，武昌文华图书馆学专科学校向汉口市图书馆询问待遇问题，以便推荐毕业学生就业。

湖北私立法政专门学校

▲1921 年，湖北私立法政专门学校校门。

一、学校沿革

湖北私立法政专门学校是湖北地区首家私立专门学校，是民国初年教育部认可或备案的 27 所私立法政专门学校之一。该校位于武昌贡院旧址（今武昌实验中学），与公立法政专门学校为邻，1910 年由留日法政生谢健创办。1911 年辛亥革命后短暂停办，1912 年恢复办学。1913 年更名为湖北私立法政专门学校。1928 年 9 月，湖北省教育厅决定将该校原有学生全部转入中华大学就读，该校停办。为破解私立学校经费紧张、师资不足等困局，该校从湖北省公立法政专门学校聘请教授兼职授课。为弥补当时私立学校生源质量不及公立学校的短板，该校打破当时本科不教国文的惯例，在本科一、二年级仍开设国文课，力求学生文理通达，更易接受、理解和运用法律。为让学生专业知识更为过硬，该校借用当时国内法学教育较为先进的朝阳大学的讲义笔记（朝阳大学的办学特点是法学理论与司法实践并重）。该校维持办校近 20 年，培养学生 2000 余人。“劳工律师”施洋、著名律师郭宗夔、曾任中华人民共和国司法部部长的魏文伯等曾在该校就读。

以期望諸生必有高潔之思想也諸生以唯一無二之目的作法學的研究而法學精深斷非二三年所能貫徹有始鮮終古人所戒深願諸生肄業時孜孜討論勿求速化庶理愈久而愈深心愈專而愈精此元洪所以期望諸生必有貞恒之毅力也法學隨世界為進步我國共和成立漸期大同法學發達將有不可思議者若囿一國將有望洋之嘆此元洪所以期望諸生必具世界之眼光也法與時為轉移重精神不宜拘形式若執形式為一成不變是修律者失變更廢止之權而唐虞秦漢之律將永存於世界此元洪所以期望諸生務去形式之束縛也諸生盡勉旃

▲黎元洪为湖北私立法政专门学校写的训词

黎大總統訓詞

吾國今日之時局一大可慮之時局也國體建立共和凡法律政治之亟需改良者均恃民意為之搆造而吾國人民染於專制之積習有箇人思想有權利思想無法律思想夫以應享有而放棄其權利與絕對不應享有而擴張其勢力立法因是而無完全之結果司法因是而無完全之機關行政因是而無完全之作用影響所及夫豈淺鮮此皆法學不明權限不分有以階之厲也居今日而言法學之普及固屬夢囈然諸生今日之研究法學即為異日法學普及之嚆矢也今日對於諸生益有極大之希望焉法者乃恢復人民之權利非以便箇人之慾望也舞文弄法借法以售奸非法之弊心之污也此元洪所

二、师生剪影

▲“劳工律师”施洋（1889—1923），学籍用名施伯高，1917 年以甲等第一的成绩从湖北私立法政专门学校毕业，在 1923 年的京汉铁路大罢工中成为“二七”烈士。

三、教学实践活动

畢業證書

學生郭亞金係湖北省沔陽縣人現年二十七歲在本校法律本科修業期滿考查成績及格准予畢業此證

湖北私立法政專門學校校長何奇陽

中華民國十六年五月三十一日

▲1927 年，湖北私立法政专门学校本科毕业证书。

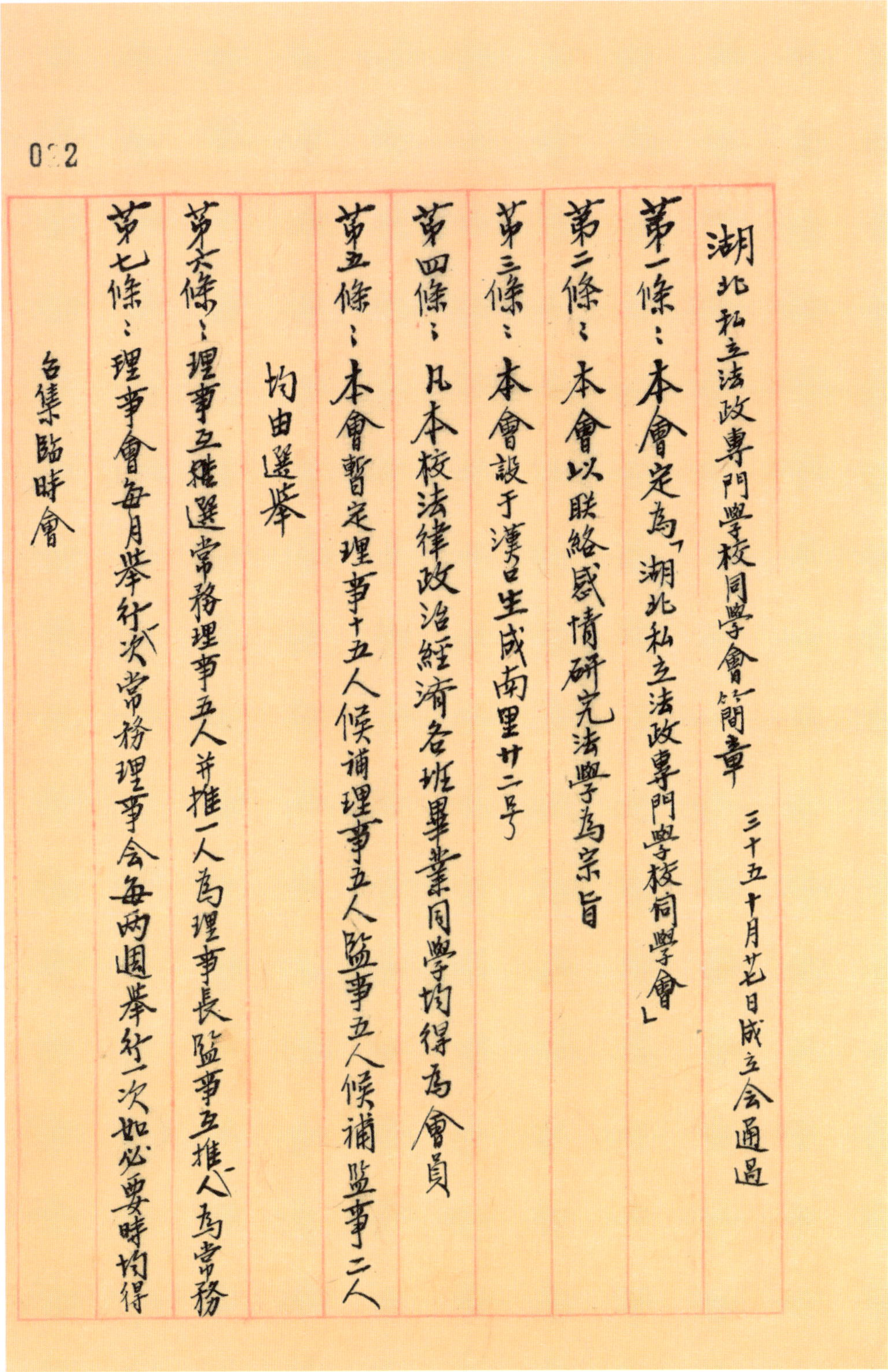
湖北私立法政專門學校同學會簡章

三十五年十月廿七日成立会通過

第一條：本會定為「湖北私立法政專門學校同學會」

第二條：本會以联絡感情研究法學為宗旨

第三條：本會設于漢口生成南里廿二号

第四條：凡本校法律政治經濟各班畢業同學均得為會員

第五條：本會暫定理事十五人候補理事五人監事五人候補監事二人均由選舉

第六條：理事互推選常務理事五人并推一人為理事長監事互推一人為常務

第七條：理事會每月舉行一次常務理事会每兩週舉行一次如必要時均得召集臨時會

▲1946 年，湖北私立法政专门学校同学会简章。

私立汉口商业专科学校

一、学校沿革

私立汉口商业专科学校的前身之一是1947年在汉口黄兴路创办的私立精业会计专科学校。1948年春，该校改组为私立汉口商业专科学校，报教育部预案，扩充班次，迁至三元里，由时任中央银行汉口分行行长郑逸侠兼任校长。1949年并入武汉大学。

▲1948年，私立汉口商业专科学校校门。

▶ 私立汉口商业专科学校 1948 级毕业纪念刊

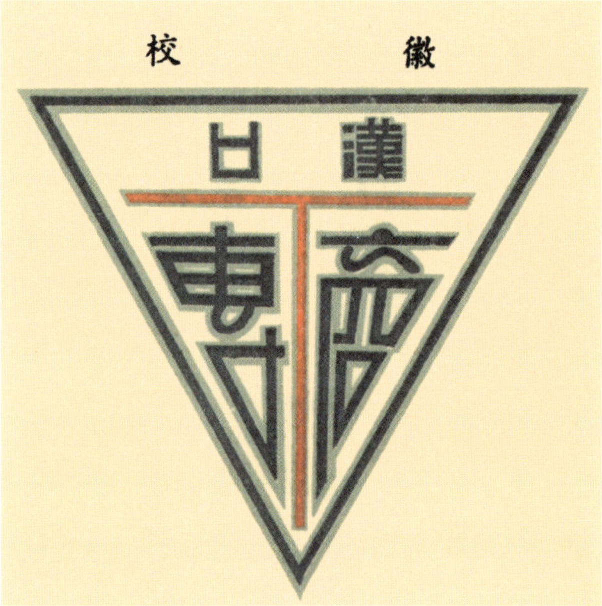

▲私立汉口商业专科学校校徽

▲私立汉口商业专科学校 1948 级级徽

▲私立汉口商业专科学校 1949 级级徽

▲1949 年，私立汉口商业专科学校工商管理科科徽。

▲1949 年，私立汉口商业专科学校会计科科徽。

▲1949 年，私立汉口商业专科学校银行科科徽。

▲1949 年，私立汉口商业专科学校毕业纪念章。

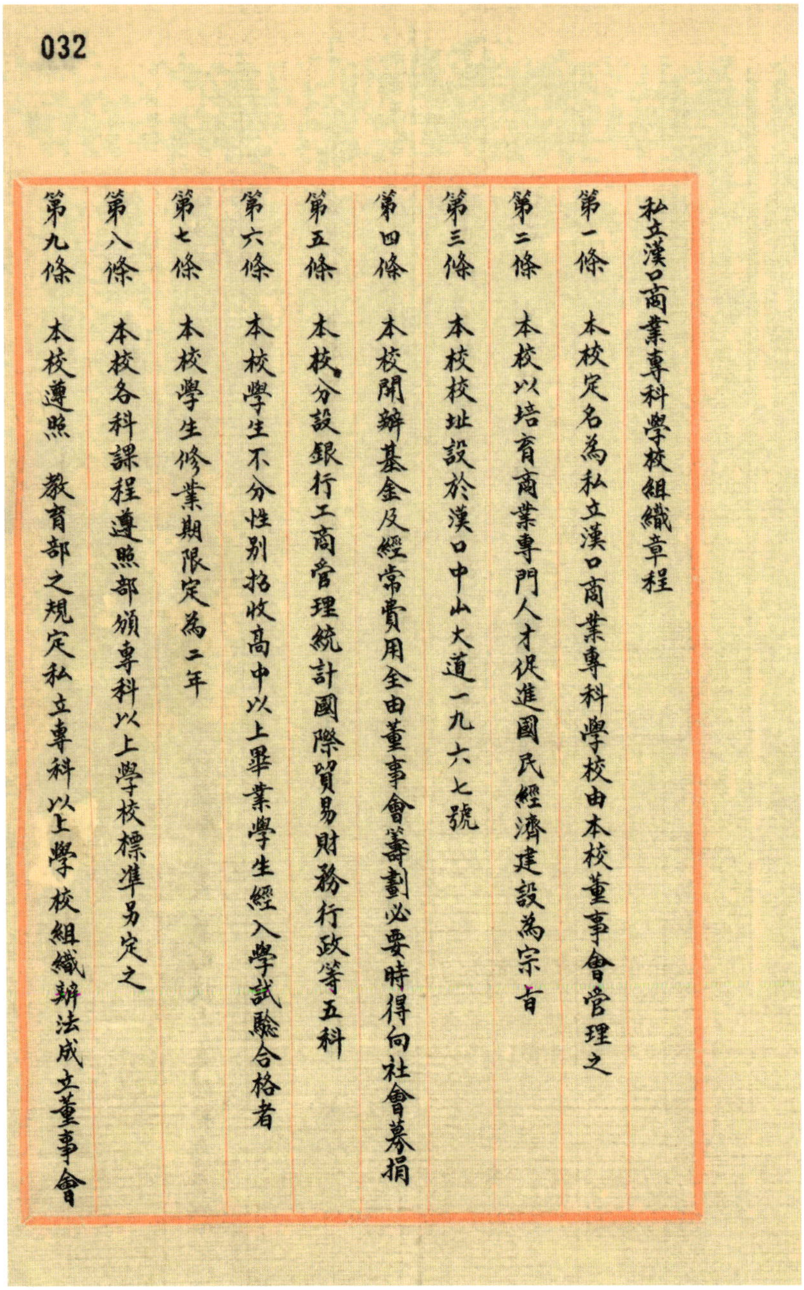

032

私立漢口商業專科學校組織章程

第一條 本校定名為私立漢口商業專科學校由本校董事會管理之

第二條 本校以培育商業專門人才促進國民經濟建設為宗旨

第三條 本校校址設於漢口中山大道一九六七號

第四條 本校開辦基金及經常費用全由董事會籌劃必要時得向社會募捐

第五條 本校分設銀行工商管理統計國際貿易財務行政等五科

第六條 本校學生不分性別招收高中以上畢業學生經入學試驗合格者

第七條 本校學生修業期限定為二年

第八條 本校各科課程遵照部頒專科以上學校標準另定之

第九條 本校遵照 教育部之規定私立專科以上學校組織辦法成立董事會

▲ 私立汉口商业专科学校组织章程

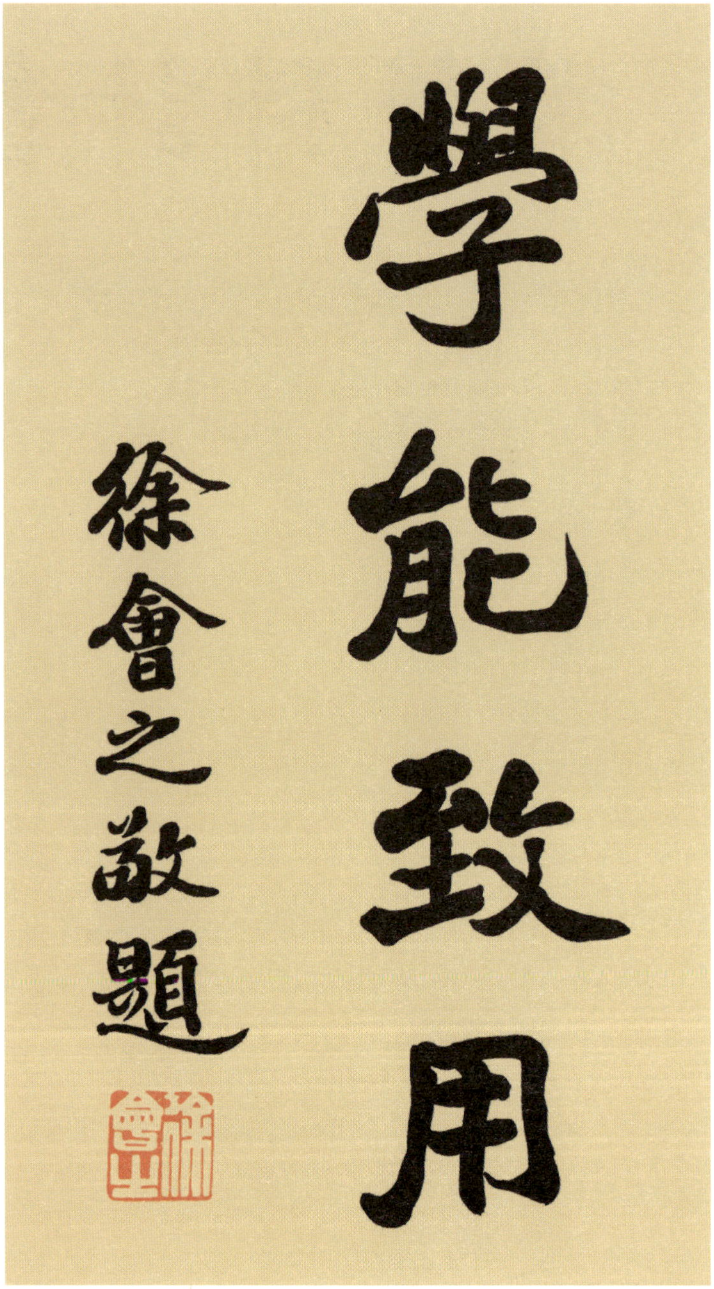

▲ 徐会之为私立汉口商业专科学校毕业纪念册题词“学能致用”。徐会之在抗战胜利后任汉口市市长，1951 年在台北牺牲，1985 年被国家民政部追认为革命烈士。

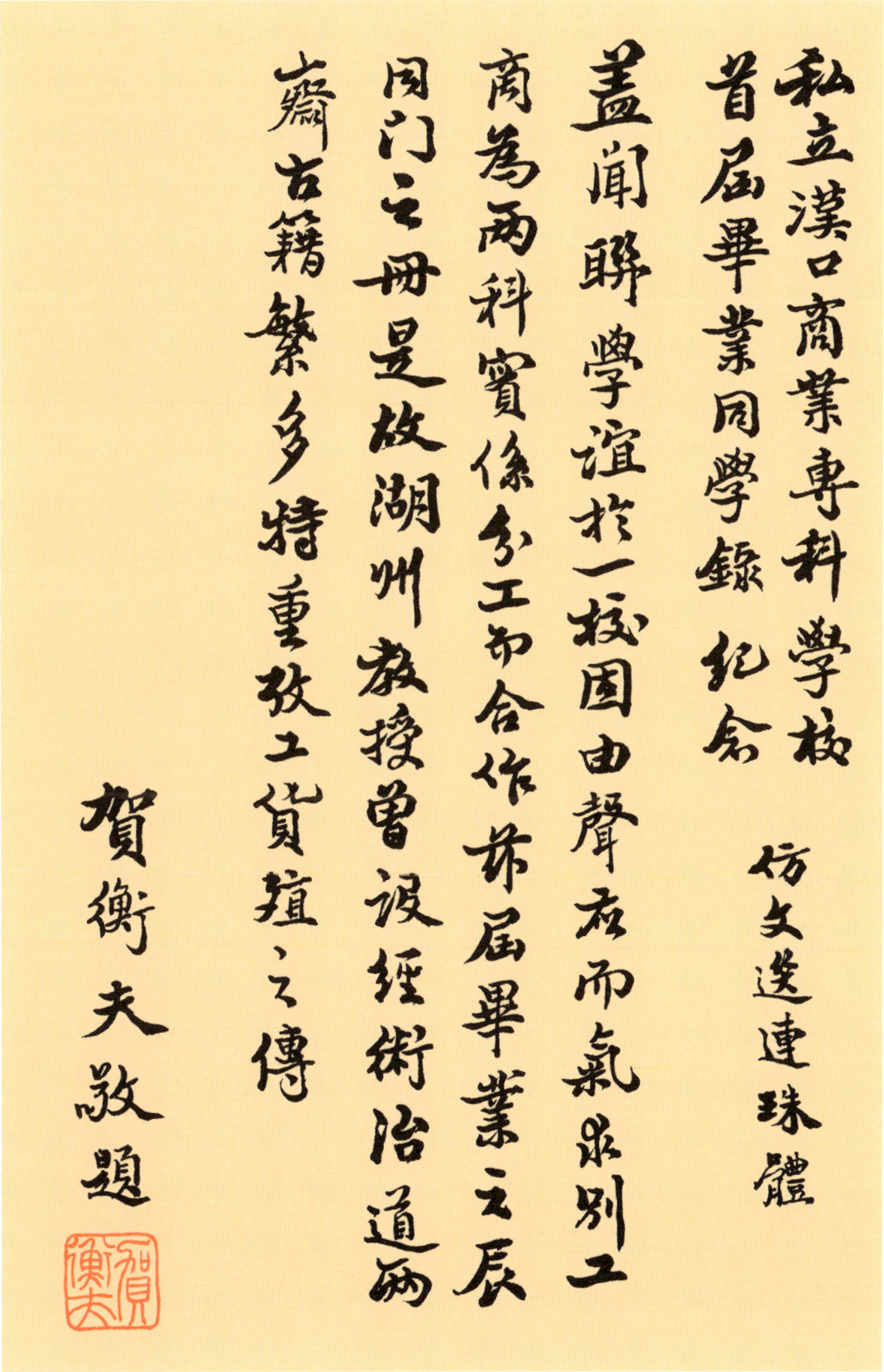

▶ 贺衡夫为私立汉口商业专科学校毕业纪念册题词“盖闻联学谊于一校，固由声应而气求，别工商为两科，实系分工而合作。兹届毕业之辰，同门之册，是故湖州教授曾设‘经术’‘治道’两斋，古籍繁多，特重考工、货殖之传”。贺衡夫是近代武汉爱国实业家，曾任汉口市商会主席，新中国成立后任中南军政委员会委员。

二、校园风光

▲1948 年，私立汉口商业专科学校全景。

三、师生剪影

▲私立汉口商业专科学校 1948 级全体毕业同学合影

▲1948 年，私立汉口商业专科学校全体师生合影。

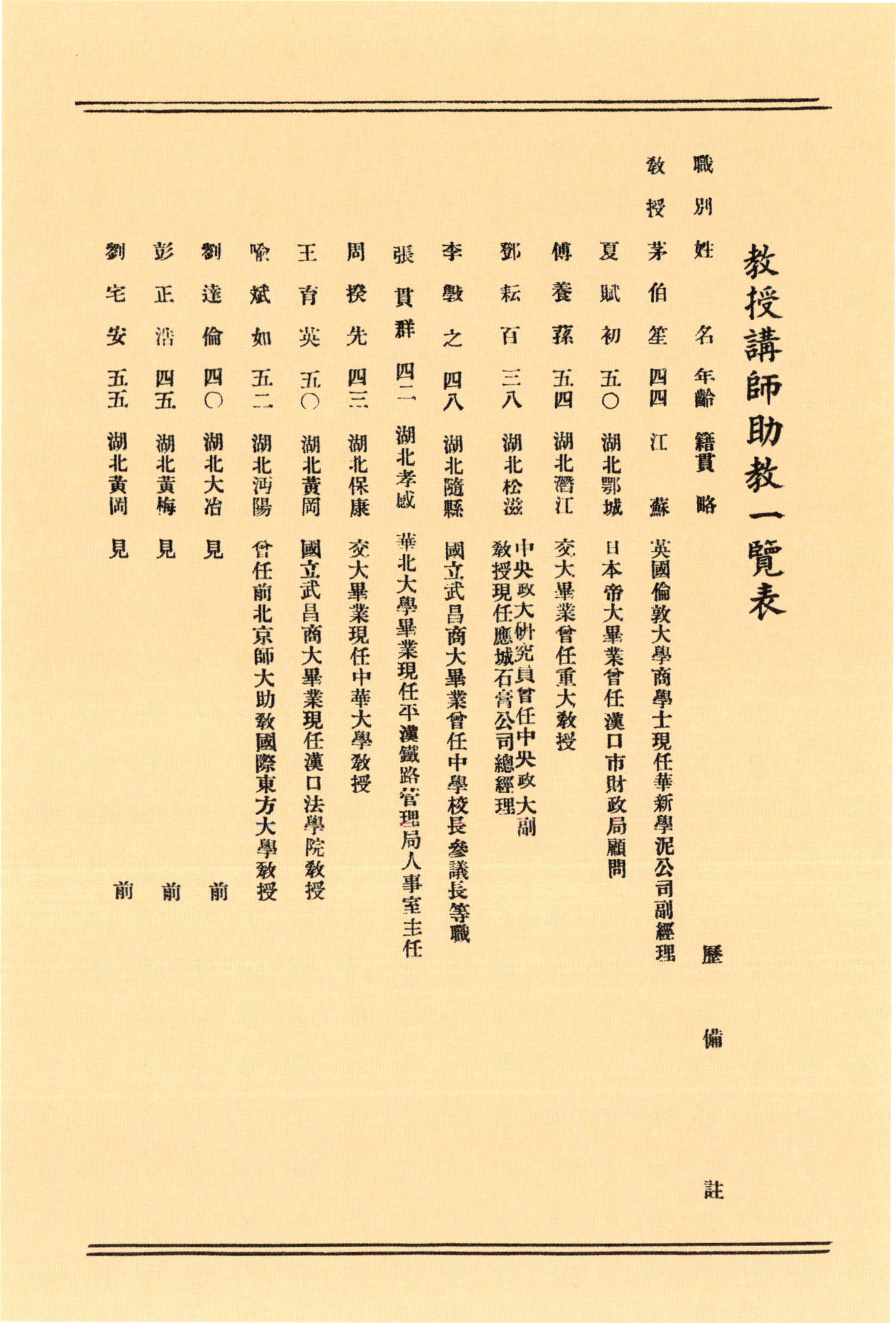

教授講師助教一覽表

職別	姓名	年齡	籍貫	略歷	備註
教授	茅伯筌	四四	江蘇	英國倫敦大學商學士現任華新學泥公司副經理	
	夏賦初	五〇	湖北鄂城	日本帝大畢業曾任漢口市財政局顧問	
	傅養蓀	五四	湖北潛江	交大畢業曾任重大教授	
	鄧耘百	三八	湖北松滋	中央政大研究員曾任中央政大副教授現任應城石膏公司總經理	
	李斅之	四八	湖北隨縣	國立武昌商大畢業曾任中學校長參議長等職	
	張貫群	四二	湖北孝感	華北大學畢業現任平漢鐵路管理局人事室主任	
	周揆先	四三	湖北保康	交大畢業現任中華大學教授	
	王育英	五〇	湖北黃岡	國立武昌商大畢業現任漢口法學院教授	
	喻斌如	五二	湖北沔陽	曾任前北京師大助教國際東方大學教授	
	劉達倫	四〇	湖北大冶	見前	
	彭正浩	四五	湖北黃梅	見前	
	劉宅安	五五	湖北黃岡	見前	

◀ 私立汉口商业专科学校 1949 年教授讲师助教一览表（部分）

同學通訊一覽

漢口商業專科學校一九四八級中途離校同學一覽表

姓名	性別	年齡	籍貫	離校時期	離校原因	通訊處
張次蘭	女	二二	湖北武昌	三七年元月	就業漢口直接稅局	漢口黎黄陂路直接稅局
龍秀雲	女	二五	湖北應城	三七年元月	因事退學	
張國幹	男	二〇	湖北監利	三十年元月	轉入漢口法政學院	漢口新華路法政學院
胡漢能	男	一九	浙江紹興	三七年元月	轉入上海漁業專科學校	長沙肇家坪補拙里熹園石敬儒轉
周康民	男	二五	湖北應城	三七年元月	因病退學	
尹端山	男	一九	湖北黄岡	三七年元月	轉入漢口法政學院	漢口新華路法政學院
張元慶	女	一九	湖北武昌	三七年元月	因事退學	
蔣眙誠	男	二三	江蘇江都	三七年元月	就業軍官學校	漢口三元里軍官學校
方啟謙	男	二三	江蘇江都	三七年八月	遷任重慶	漢口江漢路正泰銀號丁傳榮轉
呂志安	男	二二	漢口	三七年八月	就業重慶中學教員	轉漢口丹水池半市街四四號呂幼安
章惕	男	二九	江蘇江陰	三七年十月	就業	漢口江漢路湖北省銀行楊繼鑫轉
章扶雲	男	二二	湖北黄陂	三七年十月	因病休學	漢口中山大道二四七二號

▶ 私立汉口商业专科学校 1948 级中途离校同学一览表（部分）

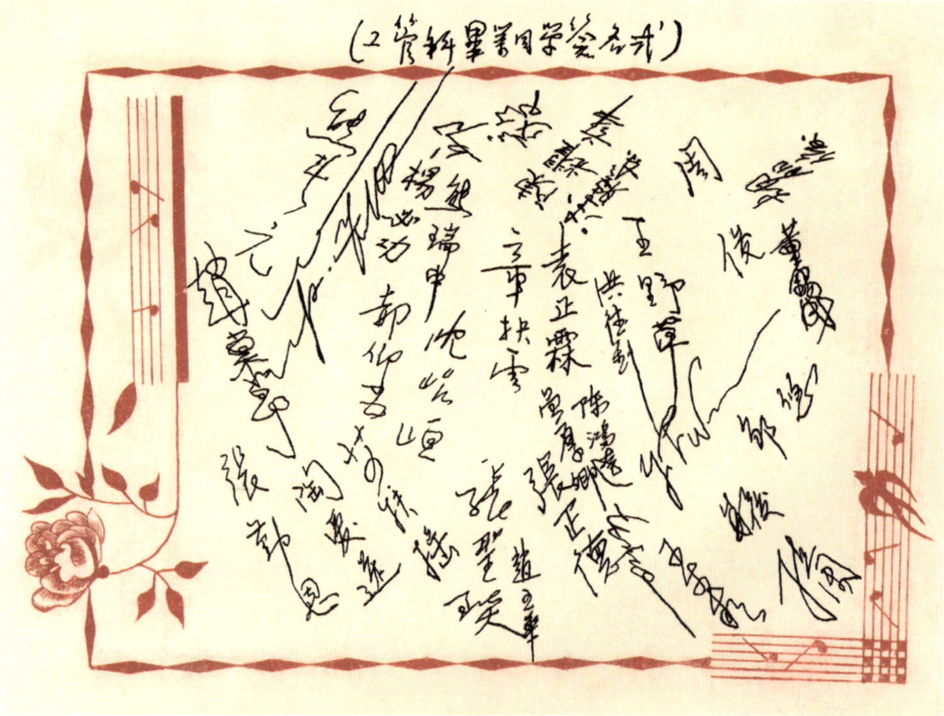

1949 年，私立汉口商业专科学校工商管理科毕业同学签名。

四、教学实践活动

1948 年，私立汉口商业专科学校学生游泳留影。

大同医学校

一、学校沿革

大同医学校创立于 1902 年春，最开始由基督教伦敦会独立经营。每年春季招生，新生的选拔不受所属教会的限制，只以品行端正为标准，学制五年。校址设于汉口花楼街仁济医院（今华中科技大学附属协和医院前身）。1909 年英国循道会、美国浸礼会加入合办，定名为大同医学校。1913 年循道会特简赫医生专门处理学校事务，前后完成学业的毕业生达到 112 人。1917 年后与山东济南齐鲁大学医学院合并，该校停办。

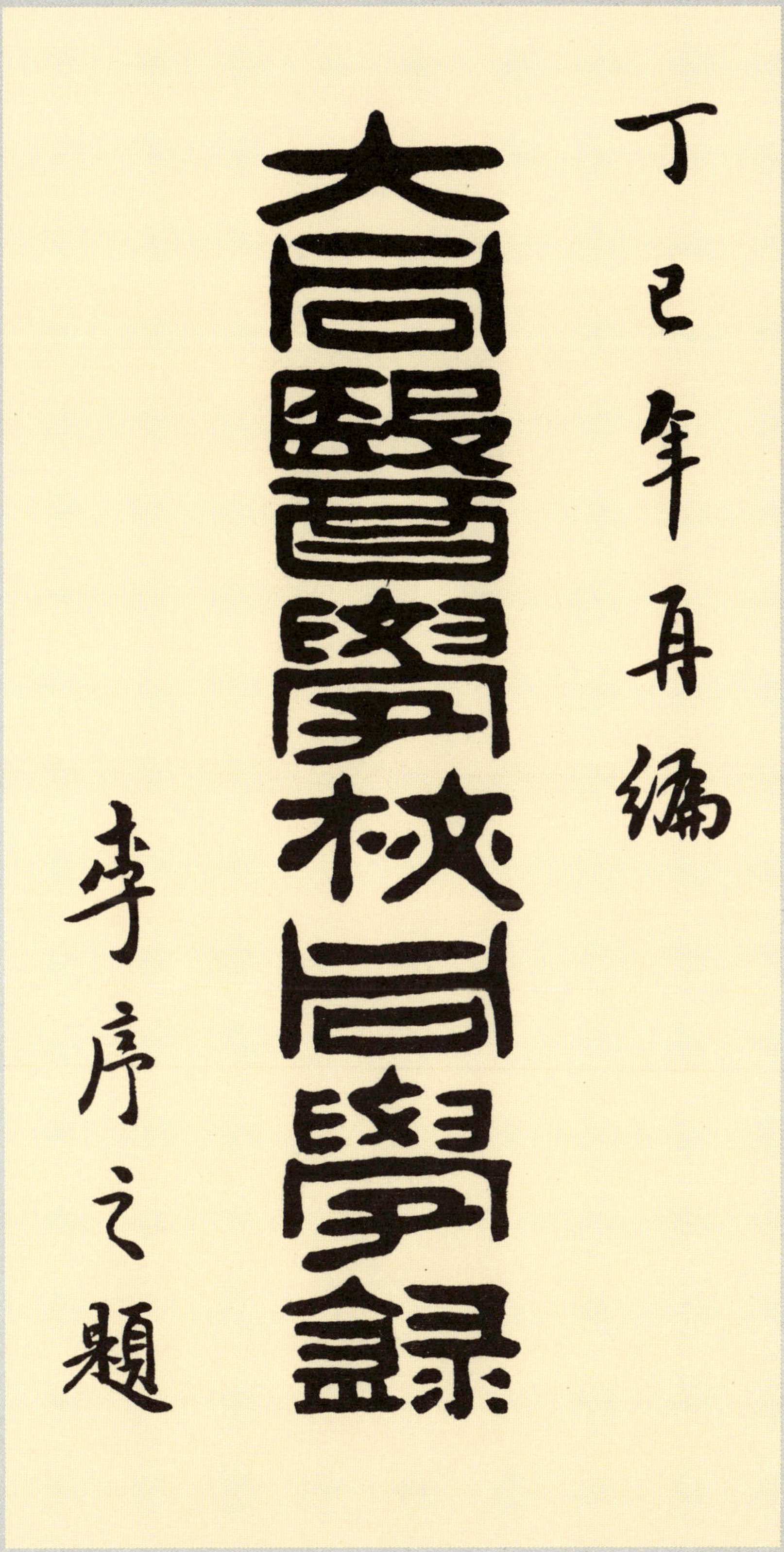
丁巳年再编

大同醫學校同學錄

李序之題

▶ 1917 年，大同医学校同学录封面。

二、师生剪影

紀立生醫士

大同醫學校同學錄

英國蘇革蘭人現年五十八歲宗基督教千八百八十二年畢業於愛丁堡大學受醫學士及外科博士學位漢口仁濟醫院醫士本校校長將任山東齊魯大學醫科教職

十六

▲ 大同医学校校长纪立生医士，英国苏格兰人。

蕭大成醫士

大同醫學校同學錄

字達伍湖北鄂城人宗基督於循道會現年三十歲畢業於千九百十六年曾任漢口仁濟醫院醫士現任鍾祥縣普愛醫院醫士

四十二

▲ 大同医学校萧大成医士

彭振南醫士

大同醫學校同學錄

字亞東湖北孝感人宗基
督於聖公會現年二十七
歲畢業於千九百十七年
現任黃陂仁濟醫院醫士

四十八

▲ 大同医学校彭振南医士

像一
本校首班同學合影

大同醫學校同學錄

蕭仁恕
鮑爲良
周濟寬
唐遠長

五十二

▲ 大同医学校首班同学与教师周济宽合影

像二 丙辰年全校同學合影

邱鴻書　歐陽復　李啓漢　劉堯夫　陳文俊　韓修田　陳文博　蕭宜森

彭耀奎　邵伯棠　張景泰　張克勤　謝信之　劉瑞來　賀咸慶　林景暉　陳尚海　張存智　王祥國

陳約瑟　鄒之任　陳鐘烈　李慶珩　雷德道　彭亞東

陳子長　潘文炳　陳修之　李藍田　陳慶餘

▲1916 年，大同医学校全校同学合影。

第五年級 將畢業者

姓名	字	年歲	籍	會名	通信處
陳慕遷	子長	二十六	廣東普寧	浸信	汕頭棉湖廣林生轉安仁鄉（角石医院）
陳修之	子平	二十五	廣東潮安	浸信	汕頭浮洋市郵局轉鳳塘鄉
潘文炳	蔚卿	二十四	江蘇江寧	基督	南京新橋潘祥興號
李藍田	青峯	二十四	湖南嘉禾	長老	湖南嘉禾城南嶚溪車
第四年級 將移往山東齊魯大學醫科					
邵濟時	祖斌	三十	湖北京山	倫敦	齊魯大學醫科
張存智	徵明	二十七	安徽桐城	聖公	同前
彭耀奎	煦生	二十六	江蘇江寧	美以美	同
王祥國	子瑞	二十	湖北棗陽	行道	同

大同醫學校同學錄　六十一

▲1917 年，该校五年级将毕业者信息统计。

▲1930年，汉口大同医学院校友在汉口花楼街仁济医院欢迎老校长纪立生。

湖北国医专科学校

一、学校沿革

湖北国医专科学校创办于1933年秋，其前身是汉口医药学社，当时湖北国医分馆奉中央国医馆令，接管汉口医药学社，改名为湖北国医专科学校。1938年因日军侵犯武汉，该校停办。学校先后有教师30余名，荟萃了当时武汉地区国医名流、各学科专门人才以及西医专家，更拥有一批资深的中医教育学家，如当时中央国医馆医学委员、该校副校长兼校董事会秘书、妇儿科教授邹萍垓，曾任北平国医专科学校教务主任、时为湖北国医公会常委、湖北国医分馆学术整理委员、该校教务长兼内科及药物学教授蒋玉伯等。

从1933年至全面抗战前夕，湖北国医专科学校共办5届，为湖北培养了数百名中医人才，并造就了王梧川、黄绳武、胡树人等现代中医专家、教授，给湖北的中医事业带来了较深远的影响。

畢業紀念冊

校門

▲1936年，湖北国医专科学校校门。

▶1936 年叶橘泉为湖北国医专科学校题词“浩浩神州地，悠悠古医年；五行蒙真理，六气肆余威；药由民间得，方剂是经验；科学相阐发，责任在青年”。叶橘泉（1896—1989），生于浙江省吴兴县（今浙江省湖州市）。新中国成立后，积极投入中医药学的研究和临床工作。

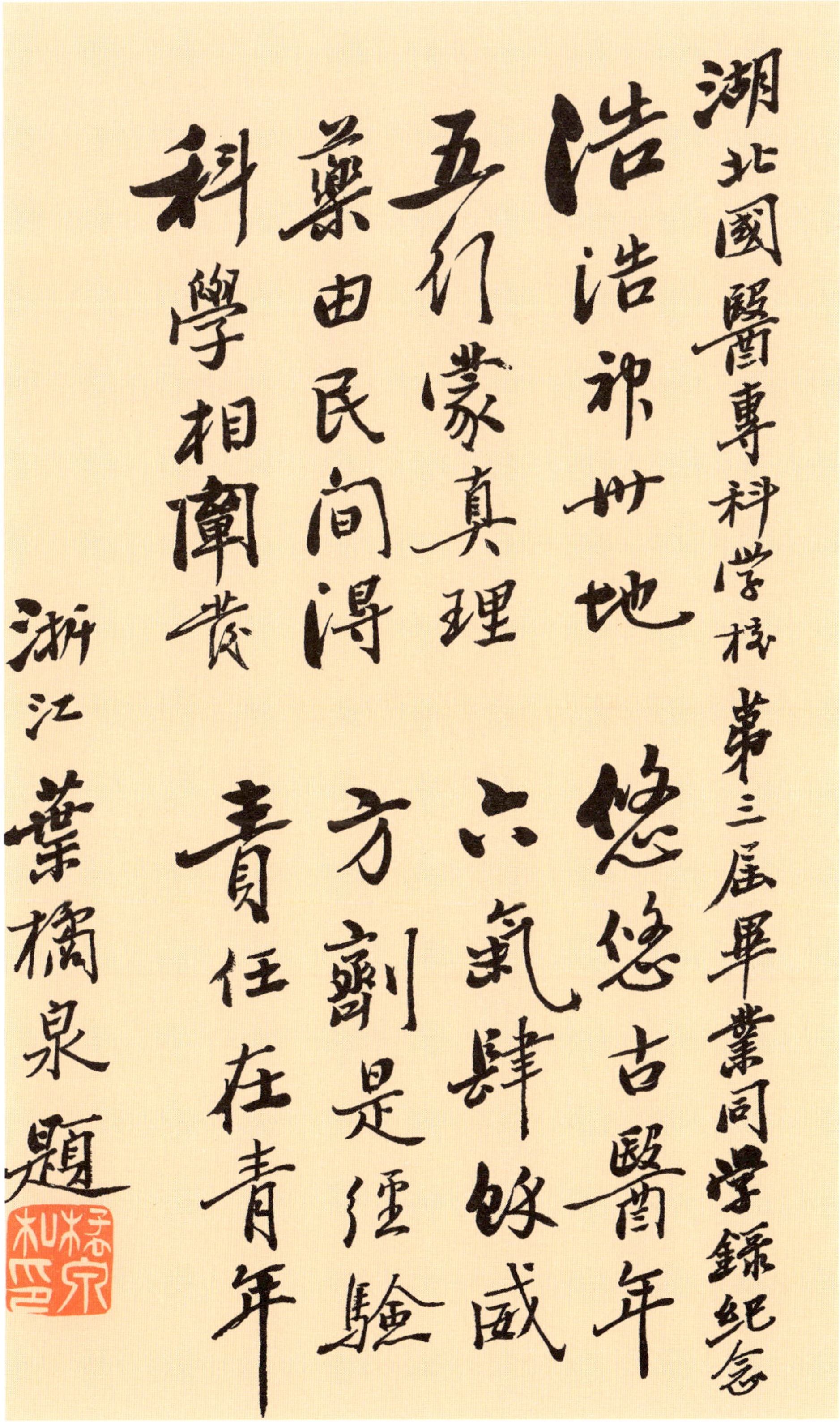
湖北國醫專科學校第三屆畢業同學錄紀念
浩浩神州地 悠悠古醫年
五行蒙真理 六氣肆餘威
藥由民間得 方劑是經驗
科學相闡發 責任在青年
浙江葉橘泉題

▲1936 年，时逸人为湖北国医专科学校题词“秀出医林”。时逸人（1896—1966），现代医学家，江苏省无锡人。新中国成立后，被国家卫生部聘至中医研究院，任西苑医院内科主任。

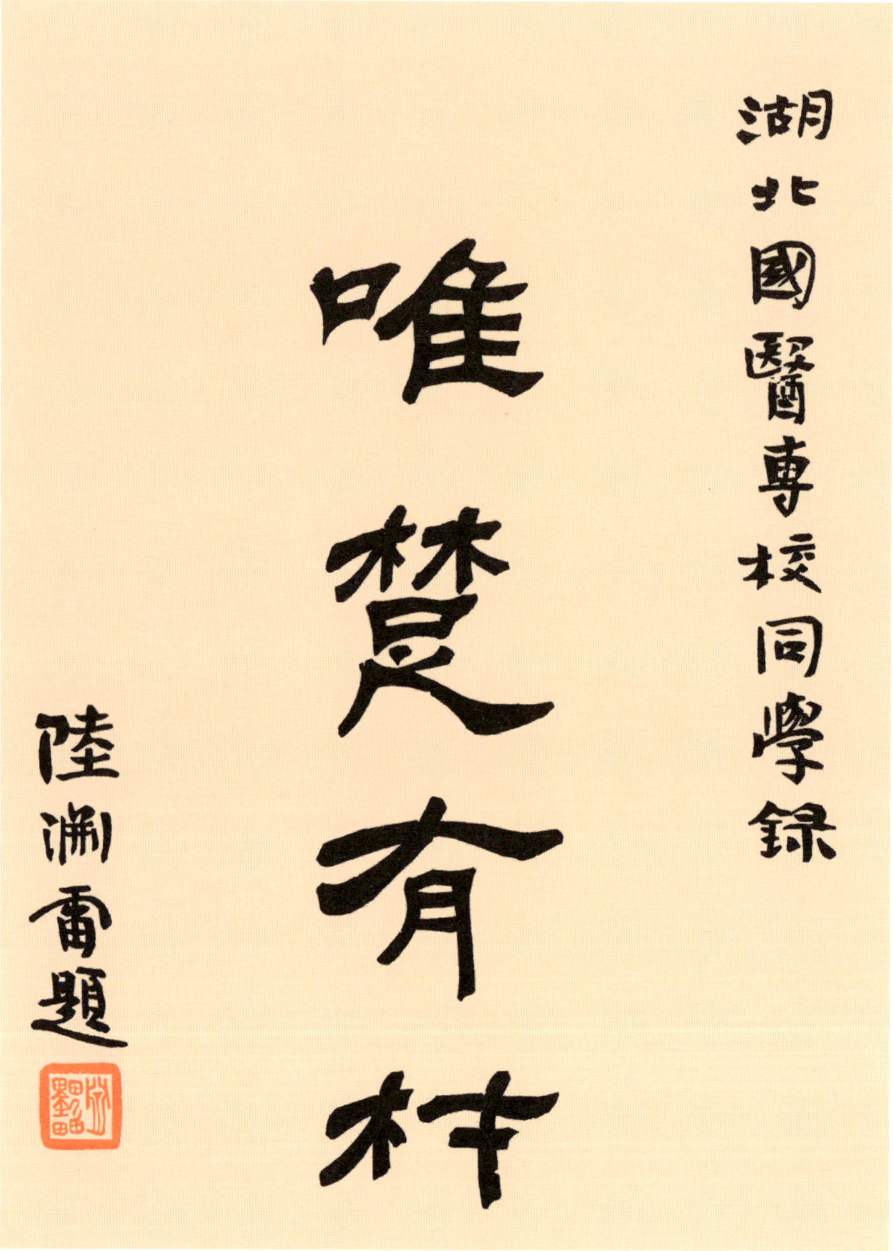

▲1936 年，陆渊雷为湖北国医专科学校题词“唯楚有材”。陆渊雷（1894—1955），江苏川沙人。曾先后在国立武昌高等师范学校、江苏省立师范学校、国学专修馆、暨南大学、持志大学、中国医学院等处任教。

二、校园风光

▶1936 年，湖北国医专科学校教室外景之一——汉口市商会大楼。

標本室之一

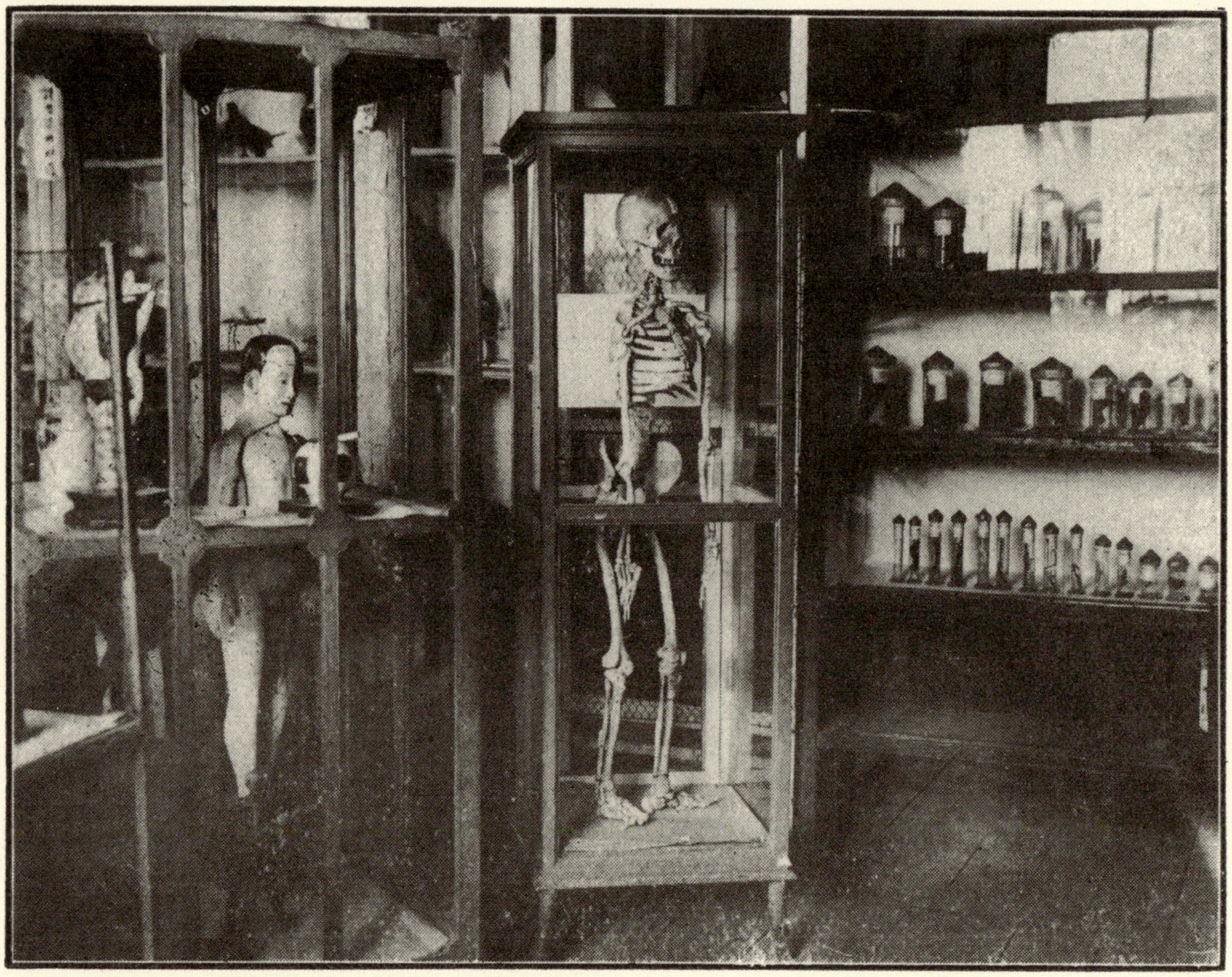

▲1936 年，湖北国医专科学校标本室。

館　書　圖

▲1936 年，湖北国医专科学校图书馆。

三、师生剪影

▲1936 年，湖北国医专科学校校董暨全体教职员合影。

▲1936 年，湖北国医专科学校第三届毕业全体师生合影。

畢業紀念冊

徐光武

姓名　徐光武
別號
性別　男
年齡　二六
籍貫　漢陽
通訊處　臨時　漢陽新洲八十一號
　　　　永久　漢陽第一區九里鄉徐家大灣

葉濟

姓名　葉濟
別號　金聲
性別　男
年齡　二六
籍貫　沔陽
通訊處　臨時　武昌賓陽門六號
　　　　永久

1936 年，湖北国医专科学校毕业生。

▲1936年，湖北国医专科学校秋季旅行合影。

后记

每到毕业季，学生们会在同学录上记录师生情谊、校园生活、青春岁月，定格一段学校发展的精彩时刻，也归档了师生们的精神风貌。《江汉炳灵：武汉高校档案概览（1912—1949）》一书选取武汉市档案馆馆藏 1912—1949 年间 16 所与当下具有历史传承与发展关系的高校毕业同学录，辅以相关的原始档案计 318 张图片，内容包括校训、校歌、校园风光、师生剪影、教学与实践活动、毕业生就业统计情况等方面，第一次较全面地集中展现那个年代武汉高校发展的概貌，使读者可以粗略地了解当今武汉一些著名高校的历史底蕴、发展渊源和特色亮点。

本书的图片全部来源于馆藏高校毕业同学录、毕业纪念刊、毕业同学纪念册、同学通讯录、职员表以及学校一览图表等。按照国立高校、省立高校和私立高校三个部分进行分类编排。在编撰过程中，我们尽量保持档案资料的原貌，辅之以简要说明，并撰写了每个学校的沿革。选材重点突出了一些优秀教育工作者和红色革命人物。

翻阅此书，读者会发现，原来今天的武汉大学、华中师范大学、华中农业大学、湖北美术学院和武汉音乐学院等，与当年的那些名校都有着不解的渊源，原来有那么多影响中国的名人出自武汉高校。

本书由武汉市档案馆征集编研部组织编辑，钟星、李欢、马昕冉、袁芷洁、任芷芸、黄贞、彭皓亮、李倩、孙丹和甘超逊负责扫描、收集和筛选照片，撰写照片文字说明，钟星整合全书书稿，宋晓丹统稿。马秀兰审阅全书并对重要问题提出指导意见。

感谢华中师范大学原书记、校长、博士生导师马敏教授不辞劳顿惠赐序言。感谢馆内整理编目部、信息化工作部和查询利用部全力支持配合。感谢湖北美术出版社的精心编排。

由于编辑水平和图片资料有限，难免有不足和缺漏，敬请广大读者指正。

编 者

图书在版编目（CIP）数据

江汉炳灵：武汉高校档案概览：1912—1949 / 武汉市档案馆编. — 武汉：湖北美术出版社，2022.10

ISBN 978-7-5712-1617-7

Ⅰ. ①江… Ⅱ. ①武… Ⅲ. ①高等学校－档案资料－武汉－1912-1949 Ⅳ. ①G647.24

中国版本图书馆 CIP 数据核字 (2022) 第 166999 号

责任编辑　熊　晶
责任校对　杨晓丹
整体设计　左岸工作室
技术编辑　平晓玉

江汉炳灵：武汉高校档案概览（1912—1949）

JIANGHAN BINGLING：WUHAN GAOXIAO DANG'AN GAILAN（1912—1949）

出版发行　长江出版传媒　湖北美术出版社
地　　址　武汉市洪山区雄楚大街 268 号 B 座
电　　话　（027）87679525（发行）87679541（编辑）
邮政编码　430070
印　　刷　武汉美盈风谷印刷有限公司
开　　本　889mm × 1194mm　1/12
印　　张　19
版　　次　2022 年 10 月第 1 版
印　　次　2022 年 10 月第 1 次印刷
定　　价　360.00 元